CLAVES PARA UN

LIDERAZGO

GENUINO

*Influyendo naturalmente
sobre las personas*

CLAVES PARA UN

LIDERAZGO
GENUINO

*Influyendo naturalmente
sobre las personas*

Editor General: Matías Deluca

Vida®

CLAVES PARA UN LIDERAZGO GENUINO
Edición en español publicada por
Editorial Vida – 2010
Miami, Florida

©2010 Editorial Vida

Editor y Compilador: *Matías Deluca*
Diseño interior y de cubierta: *MD Design*
Asistente de edición: *Marcelo Bellotta*

ISBN: 978-0-8297-5797-2

CATEGORÍA: Vida cristiana / Liderazgo

CONTENIDO:

PRÓLOGO:

Desde hace unos veinte años, he padecido una paranoia muy singular. Puede que termine un libro, un programa de televisión o un sermón, de manera inmediata suelo preguntarle a mi esposa: «*¿Crees que fui lo suficientemente claro? ¿Las personas entendieron lo que intenté decir?*» y luego oro: «*Señor, dime que los conduje hacia ti de la manera mas sencilla posible, sin perder profundidad…*», quizá tenga ese temor debido a que a lo largo de mi vida he conocido una gran cantidad de comunicadores que hacen gala de sus conocimientos académicos, pero que no logran plasmar principios prácticos en sus oyentes.

Como dijo alguna vez Henry Cloud: «*Si no se logra un impacto real en la vida de las personas reales, se relega la visión a un sueño imposible, la misión a una serie de deseos colgados en la pared*». En otras palabras, cada domingo necesitamos predicar el mismo mensaje de siempre, pero de manera tan aplicable y práctica, de modo que el mensaje pueda vivirse de lunes a sábado, en la vida real y cotidiana.

Este es un libro para la semana real. Para los problemas ordinarios que pueden surgir en el liderazgo y que necesitas resolver de manera eficaz. La mayoría son principios sencillos, pero dan resultados.

Estoy convencido que hay libros que puedes tener en tu mesa de luz por meses, y sabes que tienes que dedicarte a comenzar a leerlos de manera consecuente. Y luego hay otras obras que pueden leerse de un solo tirón, y lo mejor de todo, si el libro es profundo, práctico y fácil de asimilar, puedes leerlo una y otra vez, esencialmente cuando quienes lo escribieron han vivido todo lo que transcribieron en el papel.

Esta es una colección de gemas, de perlas desenterradas de las minas de la sabiduría de distintos hombres de Dios que ofrecen un puñado de poderosas revelaciones que pueden cambiar tu vida en el liderazgo.

Quizá ya hayas leído algunas de ellas en distintos libros, pero tenerlos a todos juntos, produce una sensación maravillosa: tener en nuestras manos una colección de proverbios acerca del liderazgo eficaz, dichas por los autores mas relevantes del Reino de Dios.

Son ensayos llenos de energía y fáciles de leer y quizá el mayor valor agregado: puedes comenzar a leerlo desde el capítulo que quieras, de manera desordenada, puedes abrir esta caja repleta de joyas y extraer la que más te guste, día por día.
Siento que este pequeño compendio puede transformarse en un manual de consulta, como una suerte de proverbios moderno para el liderazgo actual.

En resumen, celebro esta maravillosa colección de sabiduría y conocimiento. Profundo, práctico y fácil de asimilar. Momentos de iluminación condensados en una sola obra. Todos los que lideramos, deberíamos leer, aunque sea una vez, estas *«Claves para un liderazgo genuino»*.

Dante Gebel

INTRODUCCIÓN:

A lo largo de mi recorrido en el mundo editorial tuve la extraordinaria bendición de ser parte de la producción creativa de más de un centenar de obras literarias. Muchos autores han sido un gran ejemplo para mi vida. La mayoría no los conozco en persona, pero a varios de los autores que aquí se encuentran sí, de hecho han sido la inspiración para que diera a luz este libro, ya que al conocerlos en la cotidianeidad, sin una audiencia que los escuche, sin tener un micrófono en la mano, en un día de semana ordinario, al compartir horas de trabajo ininterrumpidas, almuerzos, cenas, vuelos, horas de charlas, en familia, siendo auténticamente ellos mismos, siempre observé un denominador común en todos ellos: verdaderos líderes genuinos. Personas que viven lo que escriben y que aman lo que predican. Entendí que sí se puede ser un líder íntegro y legítimo, a pesar de nosotros mismos.

Claves para un liderazgo genuino refleja las citas más destacadas de los libros más relevantes de los autores referentes al liderazgo contemporáneo. Un compendio de los diecisiete libros más consultados en el liderazgo.

Es mi deseo y oración que a través de este libro usted tenga las herramientas para poder influenciar positivamente su entorno y lograr formar un equipo sólido y puro.

Matías Deluca
Editor General

Capítulo 1:

Liderazgo Eficaz

por John C. Maxwell

JOHN C. MAXWELL:

La palabra menos importante:
«Yo»
(es la que menos resultados logra)
La palabra más importante:
«Nosotros»
(Es la que logra mayores resultados)
Las dos palabras más importantes:
«Muchas gracias»
Las tres palabras más importantes:
«Yo te perdono»
Las cuatro palabras más importantes:
«¿Cuál es tu opinión?»
Las cinco palabras más importantes:
«Lo has hecho muy bien»
Las seis palabras más importantes:
«A mí me gustaría conocerte mejor»

JOHN C. MAXWELL:

Los grandes líderes la tienen,
esa cualidad especial que hace
que las personas se sientan atraídas
hacia el magnetismo de la
personalidad de ellos.

Los grandes artistas evidencian
ese «extra». Todos poseemos
la potencialidad para desarrollar
la cualidad que deja establecida
la diferencia entre la personalidad
y la personalidad superior.
¿Qué cualidades atraen a los demás
hacia mí? Podemos resumirlas en
una sola palabra: carisma.

JOHN C. MAXWELL:

Cuando me presentan a un grupo
de personas que no conozco,
no me toma mucho tiempo darme cuenta
de quíenes son los que ejercen
influencia sobre el resto.
¿Qué cosa tienen esas personas que
las diferencia de los demás?
¿Será acaso su sentido de orientación,
la seguridad de saber hacia dónde
se dirigen? ¿Será que tienen
determinadas habilidades? ¿Será por su
sinceridad? ¿Sus éxitos anteriores?
¿La facilidad que tienen para utilizar
el contacto visual y el lenguaje corporal?
¿Qué es lo que tienen que todo el mundo
quiere? Si existe una cualidad que usted
pudiera tener y que lo haría tener éxito
a la hora de motivar a las personas
o de convencerlas para que lo sigan,
ese rasgo sería la confianza.

JOHN C. MAXWELL:

Aunque usted y yo nunca surjamos
como renombrados líderes de
talla mundial, no es menos cierto
que ambos contamos con
un escenario de influencia.

Somos líderes dentro
de nuestro hogar, nuestro negocio
en la oficina, en nuestra congregación
y en algún ministerio. En tal sentido,
debemos esforzarnos lo más que
podamos para ser líderes eficaces.
Creo que existen cinco características
no negociables que todo líder eficiente
debe tener: sentido de llamado,
habilidad para comunicarse,
creatividad a la hora de solucionar
los problemas, generosidad y firmeza.

JOHN C. MAXWELL:

La perspectiva de usted determina
sus acciones y sus reacciones.

Cuando el prójimo se demora, es lento.
Cuando yo me demoro, es que ya acabé.
Cuando el prójimo no lo hace, es holgazán.
Cuando yo no lo hago,
es que estoy ocupado.
Cuando el prójimo hace algo sin habérsele
dicho, se está extralimitando.
Pero cuando lo hago yo,
eso es iniciativa.
Cuando el prójimo pasa por alto
una regla ética, es grosero.
Cuando yo paso por alto algunas reglas,
es que soy original.
Cuando el prójimo complace al jefe,
es un adulador.
Cuando yo complazco al jefe,
es que estoy cooperando.

JOHN C. MAXWELL:

Las prioridades tienden a salirse
de su orden cuando no les prestamos
la debida atención.

Cantidades incalculables de líderes
cristianos han tenido «éxito» tan sólo
para descubrir que el trágico precio
de ese éxito ha sido un matrimonio
destruido o la pérdida de la salud.
En algún punto del camino hacia
el triunfo, sus prioridades variaron.
La primera prioridad de un cristiano
debe ser su relación con Dios.

Eso significa crecer continuamente en él,
rendirle culto y amarlo, y serle obediente.
Mantener cuidadosamente esa relación
es la salvaguarda más segura contra
el fracaso.

JOHN C. MAXWELL:

La clave del que alienta a los demás
es conocer lo que les infunde valor a las
personas, lo que las incita a la acción.

Muchos de nosotros sentimos placer
en desalentar a los demás señalando
sus errores y emocionándonos con sus
fracasos en lugar de concentrarnos
en sus puntos fuertes y emocionarnos
ante sus posibilidades.
En la fuerza laboral, los gerentes
exitosos han aprendido el tremendo valor
del incentivo.

Ese es el más importante principio
de la administración. ¿Por qué?
Porque permite obtener el tipo de
comportamiento que uno luego
recompensa.

JOHN C. MAXWELL:

En la mayoría de las relaciones
resulta inevitable que en determinado
momento se produzca una confrontación.
En ese momento de crisis
es importante estar preparado
para acercarse a la parte ofensiva
con la actitud correcta.
Si se maneja correctamente una
confrontación, esta puede en realidad
fortalecer la relación.
De lo contrario, puede provocar
un final abrupto e infeliz.

ACERCA DEL AUTOR:

John C. Maxwell

Reconocido experto en liderazgo a nivel internacional, orador y autor que ha vendido más de trece millones de libros. Sus organizaciones han capacitado a más de dos millones de líderes en todo el mundo. El doctor Maxwell es el fundador de EQUIP y de INJOY Stewardship Services. Anualmente habla a compañías de la lista Fortune 500, líderes internacionales de gobierno y una variedad de públicos como la Academia Militar de Estados Unidos en West Point, la Liga Nacional de Fútbol Americano y los embajadores a las Naciones Unidas. Autor de gran éxito de ventas de New York Times, Wall Street Journal y Business Week, Maxwell fue nombrado el mejor gurú de liderazgo en todo el mundo por Leadershipgurus.net. También fue uno de veinticinco autores y artistas nombrados para estar en la Sala de la Fama del Décimo Aniversario de Amazon.com. Tres de sus libros, *Las 21 leyes irrefutables del liderazgo*, *Desarrolle el líder que está en usted* y *Las 21 cualidades indispensables de un líder* han vendido cada uno más de un millón de ejemplares en inglés.

ACERCA DEL AUTOR:

Capítulo 2:

Una vida con propósito

por Rick Warren

RICK WARREN:

El carácter se desarrolla y manifiesta por
medio de las pruebas; la vida en sí, *toda*,
es una prueba. *Siempre* serás probado.
Dios observa constantemente tu reacción
con la gente, los problemas, los éxitos,
los conflictos, la enfermedad, el desaliento, e
¡incluso el tiempo! Él está pendiente hasta de
las cosas más simples, como cuando le abres
la puerta a una persona, cuando recoges una
basura del suelo o cuando eres cortés con
alguien que te atiende.
Cuando entiendes que la vida es una prueba,
te das cuenta que *nada* es insignificante para ti.
Aun los percances más pequeños tienen
significado para el desarrollo de tú carácter.
Cada día es importante y cada segundo es una
oportunidad para hacer crecer y profundizar
tu carácter, para demostrar amor
y depender de Dios.

RICK WARREN:

Fuiste planeado para agradar a Dios.
En el momento que llegaste al mundo,
Dios estaba allí como un testigo oculto,
sonriendo porque naciste. Quería que vivieras,
y tu llegada a este mundo lo llenó de gozo.
Dios no *necesitaba* crearte pero *decidió*
hacerlo para su propio deleite.
Existes para el beneficio, gloria, propósito
y deleite de Dios. El primer propósito en la
vida debiera ser agradar a Dios con toda tu
vida, vivir para complacerlo. Cuando logres
entender completamente esta verdad, sentirte
insignificante nunca más será problema para
ti. Es la prueba de cuánto vales. Si *eres* así de
importante para Dios, y él te considerará
lo suficientemente valioso
para que lo acompañes por la eternidad,
¿qué significado mayor podrías tener?

RICK WARREN:

Si Dios va a trabajar a fondo contigo, comenzará con esto. Entrégale todo a Dios: lo que lamentas de tu pasado, los problemas del presente, tus ambiciones para el futuro; tus temores, tus sueños, tus debilidades, tus costumbres, tus penas y tus complejos. Pon a Cristo en el asiento del conductor de tu vida y suela las riendas. No tengas miedo; nada que él tenga bajo su control puede quedar a la deriva. Si Cristo tiene el dominio, podrás enfrentarlo todo. Una advertencia: Cuando decidimos tener una vida enteramente consagrada, esa decisión será puesta a prueba. A veces implicará realizar tareas inconvenientes, nada gratas, costosas o aparentemente imposibles. Varias veces implicará ir en contra de lo que deseamos hacer.

RICK WARREN:

Estás tan cerca con Dios como lo decidas. Como en cualquier amistad, debemos trabajar para desarrollar la nuestra con Dios. Ella no se da por casualidad. Requiere voluntad, tiempo y energía. Si deseas un vínculo más estrecho e íntimo con Dios deberás aprender a comunicarle tus sentimientos con sinceridad, a confiar en él cuando le pidas que haga algo, a aprender a interesarte en lo que a él le interesa y a procurar su amistad más que ninguna otra cosa. Debo ser sincero con Dios. La primera piedra para edificar una amistad profunda con Dios es tener sinceridad sobre nuestras faltas y sentimientos. Dios no espera que seamos perfectos, pero sí insiste en que seamos completamente sinceros.

RICK WARREN:

La vida consiste en amar. Como Dios es amor, la lección más importante que quiere que aprendamos en esta tierra es cómo amar. El amor es el fundamento de todos los mandamientos que nos ha dado, porque cuando amamos, más semejantes somos a él: *Porque la ley se resume en este mandamiento: Amarás a tu prójimo como a ti mismo.* Aprender a amar desinteresadamente no es una tarea sencilla. Es contraria a nuestra naturaleza egocéntrica. Por eso contamos con toda una vida para aprender a amar. Por supuesto, Dios quiere que amemos a todos, pero está particularmente interesado en que aprendamos a amar a los miembros de su familia. El amor debe ser tu prioridad, tu objetivo y tu mayor ambición. El amor no es una *buena* parte de tu vida; es la parte *más importante.*

RICK WARREN:

En el camino hacia la madurez espiritual, hasta la tentación llega a ser un escalón más que una piedra de tropiezo cuando comprendes que puede ser tanto una ocasión para hacer lo correcto como para hacer lo incorrecto. La tentación solamente proporciona una elección. Dios utiliza la situación opuesta de cada fruto para que tengamos la posibilidad de elegir. No puedes decir que eres bueno si nunca has sido tentado a ser malo. No puedes decir que eres fiel si nunca has tenido la oportunidad de ser infiel. La integridad se construye derrotando la tentación a ser deshonestos; la humildad crece cuando nos negamos a ser orgullosos; y desarrollas la paciencia cada vez que rechazas la tentación a rendirte. ¡Cada vez que derrotas una tentación te pareces más a Jesús!

RICK WARREN:

El servicio comienza en tu mente. Para ser un *siervo* se requiere un cambio de pensamiento y de actitudes. Dios está más interesado en *por qué* hacemos las cosas que en lo que hacemos. Las actitudes cuentan más que los hechos. Cuando basas tu valor y tu identidad en tu relación con Cristo, te liberas de las expectativas de otros, y eso permite servir con lo mejor de ti. Los siervos no necesitan cubrir sus paredes con placas y premios para avalar su trabajo. No les interesa que se dirijan a ellos con títulos, ni les gusta cubrirse con ínfulas de superioridad. Los siervos hallan que los símbolos de estatus son innecesarios y no miden su valor por sus logros.

RICK WARREN:

Sabemos que Dios *da gracia al humilde*
pero muchos malinterpretan esto.
La humildad no es negar tus fuerzas o
debilidad. Mientras más sincero seas, más
recibirás la gracia de Dios. También recibirás
gracia de otros. En cierto punto de tu vida
debes decidir si quieres *impresionar* a las
personas o *influenciarlas*. A distancia puedes
impresionar a la gente, pero debes estar
cerca para influir en ellas, y claro, si lo estás,
es posible que vean tus defectos. Eso es
bueno. La cualidad esencial para el liderazgo
no es la perfección, es la credibilidad.
Las personas deberán confiar en ti o no
te seguirán. ¿Cómo puedo forjar mi
credibilidad? No pretendiendo ser perfecto,
pero sí honesto.

ACERCA DEL AUTOR:

Rick Warren

Rick Warren es pastor, estratega global, teólogo y filántropo. Los medios le llaman «El líder espiritual más influyente de América» y «El pastor de América». Él y su esposa, Kay, fundaron la Iglesia Saddleback en California, una propiedad de 120 acres con más de 300 ministerios comunitarios de ayuda a prisioneros, adictos y padres solteros, entre otros. Como estratega global, el Dr. Warren asesora a líderes en sectores públicos, privados y religiosos en temas de pobreza, salud, educación, la fe en la cultura y desarrollo de liderazgo. Es invitado a dictar conferencias en congresos y agencias estatales como las Naciones Unidas y es catedrático en diferentes universidades. El Dr. Warren es autor de varios libros, incluyendo el éxito de ventas «Una vida con propósito».

AMÉRICA DEL SUR

Capítulo 3:

Liderazgo
Audaz

por Bill Hybels

BILL HYBELS:

Recibir una visión de Dios es algo tan profundamente espiritual como práctico. Involucra el trabajo interno y tranquilo de preparar su corazón; y también el trabajo externo y vigoroso de explorar y experimentar. Los líderes deben comprometerse con ambos esfuerzos, confiando en que su disciplina espiritual y su duro trabajo serán recompensados con una visión que los apasionará y inspirará a otros. Ese es el poder de la visión. Crea una energía que lleva a los demás a la acción. Pone el fósforo al combustible que la mayoría de las personas tienen alrededor de sus corazones, anhelando que alguien lo encienda.

BILL HYBELS:

Mi esperanza es que todos los líderes en el reino se comprometan por completo con el desarrollo de su potencialidad de liderazgo. Todos los líderes deben esforzarse continuamente por elevar su capacidad de liderazgo al nivel siguiente, no importa cuán difícil sea. Debemos estar dispuestos a movernos fuera de nuestras zonas cómodas, a aprender nuevas técnicas y disciplinas, y aun a someternos a procesos de reentrenamiento. Quiero retar a quienes somos líderes a ingresar a las pistas de crecimiento intenso, a leer y reflexionar, a viajar y buscar entrenamiento, a buscar mentores y comenzar una búsqueda sin paradas por los mejores modelos de liderazgo que podamos encontrar.

BILL HYBELS:

Cuando busco añadir a alguien al equipo de voluntarios, o a un cargo remunerativo dentro del personal, me recuerdo a mí mismo: *primero carácter*. Con esto quiero decir que necesito tener confianza en cómo camina esa persona en Jesucristo. Necesito saber que está comprometida con disciplinas espirituales. Necesito ver evidencia de integridad, docilidad, humildad, confiabilidad, ética saludable de trabajo y persistencia. No siempre puse el carácter por encima de la capacidad, pero ahora sí. He aprendido que en el trabajo de iglesia una falta ocasional en la capacidad se puede aceptar. Pero faltas en el carácter crean problemas con consecuencias de mayor grado.

BILL HYBELS:

De tiempo en tiempo aún me sacudo hasta la médula cuando Dios obra por medio de mi propio liderazgo. Sin embargo, ver que lo mismo sucede por medio de mi hija, verla remontarse; ver que la siguiente generación de líderes extiende sus alas y empieza a volar. Eso en realidad es lo mejor a lo que el liderazgo puede llegar. Espero que podamos encarar con confianza cualquier desafío que nuestras iglesias enfrenten en los años venideros, sabiendo que fuimos muy sabios al invertir en la próxima generación de líderes. Nada que puedan hacer líderes experimentados podría tener más impacto que eso. Hagamos lo que hagamos, debemos crear culturas de liderazgo.

BILL HYBELS:

Con los años he aprendido que el liderazgo tiene en realidad muchas facetas. El hombre en quien descubrí el potencial de liderazgo, tenía sencillamente un estilo de liderar distinto a la mayoría de líderes con que él mismo se había comparado. Con el tiempo, cuando su estilo de liderazgo se sincronizó con una necesidad adecuada de liderazgo en su iglesia, llegó a ser un líder laico de gran impacto. Es frecuente que líderes diferentes dirijan con estilos dramáticamente distintos. Puedo discernir que todos tienen el don espiritual del liderazgo, pero lo expresan en varias formas. Además de eso, ciertos estilos de liderazgo encajan mejor que otros con las necesidades específicas del reino.

BILL HYBELS:

Conozco líderes que parecen capaces de percibir el futuro. Es como si pudieran adelantar rápidamente el video que el resto de nosotros está viendo a velocidad normal. Es como si tuvieran la habilidad especial para sentir en la realidad futura las consecuencias de decisiones presentes. Algunos líderes parecen dotados de manera singular para localizar el reluciente diamante de la oportunidad, enterrado en una mina de carbón de problemas. Mientras todos los demás se abruman, estos líderes permanecen imperturbables; ellos ven lo que nadie más puede ver: potencial en medio del desastre. Otros líderes pueden discernir el potencial de liderazgo en personas que la mayoría de nosotros descartaríamos.

BILL HYBELS:

¿De qué sirve un líder cristiano si mis técnicas, mi perspicacia, mis decisiones y mi energía no fluyen de un profundo amor por Dios y por las demás personas? ¿Cómo está su corazón? Si usted permanece en el carril que está, ¿crecerá su corazón al pasar de los años ministeriales? ¿O están sus márgenes muy angostos? ¿Está corriendo tan rápido que para el tiempo que llega a periódicas líneas finales es un despojo agotado? Enfrente lo que necesite enfrentar. Cambie lo que tenga que cambiar. Experimente con prácticas de gerencia de vida que le permitan sobresalir en el liderazgo y sobresalir en amor.

BILL HYBELS:

Quienes están dotados sobrenaturalmente para dirigir deben rendirse por entero a Dios. Deben proyectar visiones poderosas, bíblicas, que honren a Dios. Deben construir equipos eficaces, afectuosos y claramente enfocados. Deben inspirar a los seguidores de Cristo a dar absolutamente lo mejor de sí para Dios. Además deben insistir con determinación de sabueso en que: se predique el evangelio, se rescate a los perdidos, se discipule a los creyentes, se sirva a los pobres, la comunidad acoja a los solitarios y que Dios obtenga el crédito por todo esto. Las Escrituras nos dicen exactamente lo que sucederá si los líderes hacen aquello para lo que Dios los ha llamado y dotado. Las fuerzas de la oscuridad retrocederán.

ACERCA DEL AUTOR:

Bill Hybels

Bill Hybels es el fundador y pastor principal de la Iglesia Comunitaria de Willow Creek en South Barrington, Illinois, y presidente de la junta de la Asociación Willow Creek. Es autor de más de veinte libros exitosos, entre los que se encuentran *Axioma*, *Divina Insatisfacción*, *Simplemente acércate a ellos*, *La revolución de los voluntarios*, *Liderazgo audaz*, y clásicos como *Muy ocupados para no orar* y *Cómo ser un cristiano contagioso*. Bill Hybels es reconocido mundialmente por capacitar a líderes cristianos en cursos de entrenamiento que buscan transformar a los individuos y sus comunidades mediante la iglesia local. Tiene un título en Estudios Bíblicos y un doctorado honorario de Estudios Teológicos de Trinity College de Deerfield, Illinois. Él y su esposa, Lynne, tienen dos hijos adultos y un nieto.

Capítulo 4:

9 cosas que un líder debe hacer

por Henry Cloud

HENRY CLOUD:

Los líderes visionarios no permiten que las cosas negativas ocupen espacio en su vida. Se detiene la pérdida de energía negativa cuando damos lugar a las cosas positivas. A veces, esta energía negativa es generada por la presencia de cosas que son verdaderamente negativas, tales como un problema importante sin resolver con un proyecto o con un compañero de trabajo. Otras, provienen de cosas que no son malas innatamente, sino que, simplemente, no son lo mejor para la persona involucrada. Los líderes visionarios llenan las caries en las cosas malas menores y arrancan las mayores. Si se encuentra en una situación que no quiere vivir, arréglela antes de seguir hacia adelante, o no avance sin darse cuenta de que está eligiendo vivir con un diente que le duele.

HENRY CLOUD:

Los líderes visionarios evalúan sus decisiones en el presente sobre la base de cómo afectarán el futuro. Rara vez actúan sin considerar sus implicancias futuras. Uno nunca sabe con exactitud qué podría pasar cuando opta por algo, pero la persona sabia, por lo menos piensa sobre ello. Los líderes exitosos saben de qué manera cada escena contribuye al final feliz de la película. Los líderes visionarios evalúan casi todo lo que hacen de esta manera. Ven toda conducta y decisión como eslabones de una larga cadena, como pasos en un rumbo que tiene un destino. Y ven estos eslabones en ambas direcciones, la buena y la mala.
Piensan de este modo para lograr las cosas buenas que quieren de la vida y para evitar las cosas malas que no quieren.

HENRY CLOUD:

Los líderes visionarios se preguntan constantemente: «¿Qué puedo hacer para mejorar esta situación?». Y luego hacen algo. Suelen convocarse a sí mismos como la primera fuente para corregir situaciones difíciles. No importa si piensan que les pueden echar la culpa o no. Incluso si es la culpa de otro, toman la iniciativa para abordar el problema y buscar una solución. Cualquiera pueda ser la respuesta, *los líderes visionarios actúan.* El líder visionario suele ser coherente al vivir el enfoque *de continuar moviéndose* en cualquier caso. En contextos muy diferentes, practica el apropiarse de la situación y la responsabilidad y, por ende, encuentra libertad y éxito. Una gran mayoría de los problemas que enfrentamos como líderes tienen que ver con las personas. Cuando hay una brecha en una relación, el líder visionario busca qué hacer para acortarla.

HENRY CLOUD:

Los líderes visionarios alcanzan grandes metas, con el transcurso del tiempo, dando pequeños pasos. De haber analizado las pocas cosas significativas que ya había logrado en la vida, hubiera visto que *también se hicieron a la manera de la hormiga*. Esto se aplica a todos los líderes exitosos. Todos logran sus éxitos al abrazar a su insecto interior y actuar como una hormiga. Todo éxito se construye y se sostiene tal como se construye un edificio, de a un ladrillo por vez. Pero un ladrillo parece ser demasiado pequeño e insignificante para los pensadores del «todo o nada». Los líderes visionarios son muy diferentes. Valoran los incrementos pequeños, los pasos menudos. Al obedecer el orden del crecimiento que Dios creó, se pondrá a tono con el universo. Un grano de arena por vez. El enfoque de un grano por vez se aplica, virtualmente a cualquier esfuerzo humano.

HENRY CLOUD:

En parte, el carácter está formado por lo que detestamos, porque nos movemos para ser diferentes de ello. Los líderes visionarios odian de maneras que *resuelven problemas*, en lugar de *crearlos*. Si va a odiar o no, no es una opción. Usted ha sido creado a imagen de Dios para defender la vida y adoptar una postura contra las cosas que la destruyen. Así que cuando sucedan hechos odiosos, usted va a tener que responder. Está incorporado en usted. Pero debe optar por responder de una manera constructiva. En el proceso, preservará la mayor parte de las cosas buenas de su vida, eliminará la mayoría de las cosas destructivas y experimentará mucho más éxito en su trabajo y en su vida.

HENRY CLOUD:

Los líderes visionarios no luchan por ser o por aparentar más de lo que realmente son. Un líder visionario es un ser humano como los demás, que evita sentir ser más que eso. La diferencia entre estos líderes y otros así llamados líderes exitosos es que tienen éxito en *todo* en la vida. Son integrados y no ven el éxito como *quienes* son, señoreándose sobre los demás; se ven a sí mismos como personas igual que todas las demás, y hacen todo lo que pueden por amar y servir a los que los rodean. Como resultado, tienen más éxito. Sea un líder visionario y aprenda de la humildad. Cuando lo haga, no solo tendrá más éxitos, sino que también mantendrá el que tiene.

HENRY CLOUD:

Los líderes visionarios no toman decisiones sobre la base del temor a las reacciones de los demás. Los líderes visionarios van en contra de las posibilidades, si estas están en contra de lo correcto. Están dispuestos a ser los raros, arriesgando la pérdida de aceptación, con el objeto de hacer lo correcto. Comprenden que la aprobación de los demás no llega muy lejos en hacer que uno se sienta verdaderamente satisfecho. Puede ser agradable por un momento, pero levantarse todos los días y hacer lo que cree que se debe hacer es mucho más duradero. La clave consiste en no contar sus críticos, sino en sopesarlos. Olvídese de las encuestas de popularidad. No intente evitar a gente que lo molesta; *solo asegúrese de que está molestando a los que debe molestar.*

HENRY CLOUD:

Los líderes visionarios exploran profundamente sus corazones e invierten en sus deseos e impulsos internos. Se nos da un corazón lleno de riqueza y talentos, sentimientos y deseos. En breves palabras, Dios nos ha otorgado *realidades potenciales para el liderazgo y el éxito en muchos niveles*. Es nuestra tarea cavar hasta ver qué potencial tenemos. Con frecuencia la mayor señal que nos dice que hay cosas enterradas en el corazón es el adormecimiento y una vida que no está viva. Los líderes visionarios siempre elegirán la vida, y eso significa que su corazón, su mente y su alma están obteniendo atención siempre. Y cuando ven esos signos testigos, actúan. Tome sus sueños. ¡Alcáncelos! Corra los riesgos adecuados. Una de las peores cosas con las que puede morir es el potencial. El potencial es algo que debe concretarse, no guardarse ni protegerse. Así que. ¡cávelo!, ¡inviértalo!, y descubrirá que es verdad: la vida viene desde adentro.

ACERCA DEL AUTOR:

Henry Cloud

El Dr. Henry Cloud es un conferenciante de gran popularidad. Con el Dr. John Townsend es anfitrión del programa de radio New Life Live, además de ser ambos fundadores de la Clínica Cloud-Townsend y de la organización Cloud-Townsend Resources. Es el autor de varios libros premiados con el reconocimiento Medalla de Oro, entre ellos «Límites» y «El poder transformador de los grupos pequeños». El Dr. Cloud, su esposa y sus dos hijas están radicados en el sur de California.

Capítulo 5:

Del éxito a la relevancia

por Lloyd Reeb

LLOYD REEB:

La Biblia nos da una definición clara de lo que ella considera una vida exitosa. Tal vez Dios te ha permitido alcanzar muchas de las metas de tu primera mitad y te ha permitido adquirir muchas cosas materiales, no obstante, él sabe que esas cosas nunca satisfarán tu alma ni te darán un valor a largo plazo. Su verdadera bendición no se encuentra ahí. La Biblia nos desafía a volver a definir el éxito en términos superiores a la riqueza, el favor y la eminencia. Debemos buscar el favor de Dios y su recompensa eterna al usar nuestro tiempo, talentos y tesoro de una manera influyente como sea posible para volvernos ricos en buenas obras. Al hacer esto, Dios nos aconseja que hagamos la mejor inversión, una que dará dividendos eternos. Una vida exitosa significa llevar la vida en comunión con Dios, usando lo que él nos ha dado, con su dirección y por tanto acumulando tesoros en el cielo.

LLOYD REEB:

Mientras nuestros corazones resuenan con la idea de pasar del éxito a la relevancia, nos damos cuenta que nuestra primera mitad fue casi insignificante. Sirvió como proceso de aprendizaje y como terreno de pruebas. No puedo pensar en mi primera mitad con la sensación de que esta careció de relevancia. Más bien la veo como un terreno de pruebas para lo que probaría ser más relevante, la plataforma para mi segunda mitad. Para mí, el proceso de descubrir mi esfera de pasión y de dones implicó un largo camino de experimentos, comenzando por aprender cómo entender y conectarme con mis sentimientos. La mayoría de nosotros descubre su pasión mientras nos movemos por el camino hacia la relevancia y mientras probamos cosas nuevas y nos involucramos en iniciativas que captan nuestra imaginación. Sin embargo, lo que cambia es que ahora anhelamos y sentimos con más intensidad las experiencias que Dios trae a nuestro camino mientras buscamos descubrir nuestras mayores pasiones.

LLOYD REEB:

En mi propia historia, la planificación de la vida vino como algo muy natural. Me resulta fácil. Yo lo planifico todo. Quizá amas tu profesión o quizá todavía necesitas dedicar una gran cantidad de tu tiempo a obtener ingresos, pero deseas infundirle relevancia a tu vida. El deseo de relevancia tiene que traducirse más allá de los sentimientos a los planes y luego a la acción. Necesitas actuar deliberadamente. Necesitas planificar. Entonces, ¿cómo puedes comenzar a planificar para los próximos cinco años? Dios tiene un plan, pero a menudo no lo revela a todos de una vez. Sin embargo, eso no nos impide que en oración comencemos a planear lo que creemos que él tiene planeado para nosotros en el futuro cercano, y luego usar eso como una guía para nuestras decisiones futuras, según aparezcan nuevas oportunidades e información.

LLOYD REEB:

Tu próximo paso para crear margen es una tarea muy simple aunque difícil: Eliminar las cosas en la vida que consideras de poco valor. A menudo esto significa eliminar lo que es bueno para dejar espacio a lo mejor. Pero, ¿cómo se puede determinar fácilmente qué es «lo mejor»? Y lo que es más importante, ¿tendrás las agallas suficientes para eliminar realmente las cosas que son de menos valor? Mientras escribías tu declaración de propósito, estableciste en tu corazón y ante Dios lo que realmente importa, lo que tú crees que es más valioso en la vida. Este ejercicio te ayudará a evaluar cada una de tus actividades y responsabilidades principales con relación a estos factores y luego clasificarlas en orden de su importancia para ti. La meta es eliminar las más inferiores en la clasificación, los roles o responsabilidades que no aportan un valor suficiente con relación a las mejores opciones.

LLOYD REEB:

De cada uno de nosotros depende la realización del difícil trabajo de comprender nuestros dones y talentos y luego realizar un ministerio o tarea que correspondan con quiénes somos y lo que Dios nos llamó a hacer. En tu iglesia puedes revisar una lista de ministerios y ver cómo en muchos de estos podrían aplicar tus habilidades. Encontrar el mejor trabajo para ti significa buscar dónde se necesitan tu corazón y tus habilidades. La Biblia dice que cuando un día Dios revise nuestra vida en el cielo, aquellas cosas que hicimos por nosotros mismos o con motivos impuros, se quemarán como la madera, heno y rastrojos, pero las obras que hicimos para Dios durarán como el oro, la plata y las piedras preciosas. Ganaremos una recompensa eterna por encontrar nuestro trabajo y hacerlo para la gloria de Dios. En lo personal, yo voy tras el oro, la plata y las piedras preciosas.

LLOYD REEB:

Mientras más informado estés con respecto a la brecha cultural entre el mundo profesional y de negocios y el mundo del ministerio o las organizaciones sin fines lucrativos, más saludable será tu transición. Si tratas de transformarte para pensar y actuar como una persona que ha estado en el ministerio toda tu vida, no aportarás todo el valor que podrías al equipo. Y si el mundo sin fines lucrativos pierde visión de la causa y los valores que la hacen diferente a la de ministrar a las necesidades de las personas, eso también sería una pérdida. Necesitas entender las diferencias y comunicarte abiertamente al respecto para que todos muestren una mayor medida de gracia cuando estén fuera de sintonía. Saber sencillamente que es muy probable que existan estas diferencias y comprometerse a hablar de ellas, hará mucho para permitir que líderes de negocios y profesionales traigan sus talentos de liderazgo a los ministerios.

LLOYD REEB:

Comprendí que me había embarcado en un viaje del éxito a la relevancia, solo para descubrir que la relevancia por sí sola nunca podría llenar el vacío de mi corazón, Lo que realmente yo había anhelado todo el tiempo era satisfacción. No la satisfacción que proviene del éxito, los logros y la adquisición, eso es pasajero. Más bien lo que yo deseaba más que nada era la satisfacción de llevar la vida con Dios en una búsqueda a toda máquina de su honor y de su gloria, dejar por voluntad propia que Dios me usara para causar un impacto grande o pequeño, como a él le pareciera mejor. Ese día comprendí que el momento más gratificante de mis cuarenta años no había sido en el centro turístico de alguna playa. Había sido un solo momento, parado en un parqueo caliente con unas pocas personas dando vueltas, pero ese fue un momento en el que mi corazón se conectó, realmente se conectó, con el Dios viviente.

LLOYD REEB:

El Medio Tiempo es una pausa a mitad del juego de la vida para reflexionar en nuestra primera mitad –en quiénes nos hemos convertido– es para escuchar lo que queremos al final de la vida y para redirigir nuestro tiempo, talento y tesoro hacia algo significativo. Para algunos, el Medio Tiempo llega cuando enfrentan el retiro; para mí, llegó un poquito antes. Sin embargo el Medio Tiempo no es solo para ricos. No es una cuestión masculina. Ni tampoco es solo un asunto cristiano. La generación que ahora cumple cincuenta años es la generación más saludable, más rica y más instruida que haya llegado jamás al Medio Tiempo. Sus miembros tienen por delante muchos años productivos. Muchos que han reflexionado en sus vidas recuerdan que ellos fueron la generación que quería cambiar al mundo pero a menudo se encuentran a sí mismo envueltos en la búsqueda de otras cosas.

ACERCA DEL AUTOR:

Lloyd Reeb

Lloyd Reeb es un exitoso agente de bienes raíces en desarrollo y dueño de hogares de ancianos, quien hizo una transición de vida para lograr relevancia. Es el director del The Halftime Group, un ministerio nacional de Leadership Network, que ayuda exitosamente a personas que buscan relevancia. Reeb también dedica parte de su tiempo al trabajo como pastor de desarrollo de liderazgo en Lecklenburg Community Church. Él es de la directiva del Finisher Project, una organización de más de setenta agencias de misión de liderazgo que ayuda a personas que nacieron en los años setenta a encontrar una segunda carrera significativa en misiones. Reeb, que también es un orador y conferenciante, reside en Charlotte, Carolina del Norte, con su esposa Linda y sus tres hijos.

Capítulo 6:

Liderando talentos, liderando equipos

por Lee Ellis

LEE ELLIS:

Es natural pensar en los talentos en términos de fortalezas, pero encontrarnos que para toda fortaleza de manera habitual existe una dificultad correspondiente. Si lee reportes objetivos acerca de líderes de alto perfil, verá que todos tuvieron dificultades que iban aparejadas a sus talentos. De la misma manera que la comprensión de los talentos (fortalezas) puede señalar el camino para una mejor realización en el trabajo, la compresión de las dificultades –las nuestras y las de los otros– puede guiarnos a mejores relaciones. Recuerde que las fortalezas son la clave para tener éxito en el trabajo y las dificultades lo son para mejorar las relaciones. Anticipar y entender las dificultades es esencial en el liderazgo, el trabajo en equipo y todas nuestras relaciones, pues las dificultades son la principal fuente de problemas.

LEE ELLIS:

Una razón fundamental para formar un equipo es tener una división de labores. Al juntar dos o más personas, usted tiene la oportunidad de enfocar múltiples talentos y maximizar tanto la efectividad como la eficiencia. De este modo, al construir un equipo, uno de los desafíos esenciales es capitalizar las diferencias y usar la diversidad de talentos para construir equipos más fuertes. No obstante, cuando forma un equipo, usted ha construido un potencial conflicto. Así que tenemos un dilema real: *los equipos necesitan tanto la unidad como talentos diversos, pero las diferencias (los talentos diversos) tienen una tendencia natural a dividir y evitar la unidad.* La confianza mutua que necesitan los equipos es socavada de continuo por su diversidad y esto representa un desafío significativo y permanente para el equipo de trabajo.

L E E   E L L I S :

El verdadero trabajo en equipo comienza cuando dos o más individuos se comprometen a abandonar algo de su independencia para *unirse* y alcanzar una visión o meta compartida. La unidad no es la ausencia de diferencia, es el respeto y a la coordinación de las diferencias. Los líderes militares han sabido desde hace tiempo que la cohesión (la expresión militar para la unidad) es un componente esencial para la efectividad de la unidad. La cohesión es el pegamento que aglutina a las personas en un tipo de fraternidad a la cual se refieren como *esprit de corps:* un espíritu de unidad que se sobrepondrá al estrés emocional y físico de la vida militar y al del combate en particular. Podríamos decir entonces que la unidad es un producto de lo que puede pasar cuando los individuos se dan cuenta de que solo pueden alcanzar sus metas personales al lograr las metas del equipo y que no podrán alcanzar ninguna de las dos si no se apoyan unos a otros y comparten sus talentos.

LEE ELLIS:

Cada día llego a estar más convencido de que la confianza es un componente esencial para el liderazgo efectivo y el trabajo en equipo. Evidentemente, los líderes corporativos lo ven de la misma forma. Estamos viendo un énfasis significativo en los esfuerzos por fortalecer la franqueza y la confianza entre los equipos. Como la confianza es tan fundamental, le recomiendo que desarrolle el hábito de enfocarse en cada decisión y acción con la pregunta: «¿Aumentará o disminuirá esto la confianza en la relación y entre el grupo?». El hecho de ser consciente del impacto que usted va a tener en la confianza lo hará avanzar un largo trecho a la hora de construir un equipo más fuerte. Es bueno recordarnos a nosotros mismos que una persona no tiene que ser perfecta para ser confiable. Si la gente sabe que usted la aceptará incluso con sus faltas, es más factible que le brinde su confianza.

LEE ELLIS:

La palabra «liderazgo» tiene un significado y una atracción especial que de inmediato llaman nuestra atención. Mis primeros pensamientos siempre me llevan a mis años de entrenamiento militar, cuando se inculcaba que a los líderes se les confiaban dos responsabilidades primarias: cumplir la misión y cuidar a su gente. Sin importar cuál sea su trasfondo, la palabra liderazgo probablemente traiga a su mente una amplia gama de experiencias de su pasado, como líder y como seguidor. Puede causar que reflexione en ciertos principios y técnicas que usted ya ha añadido en su caja de herramientas.

El tema constante en la mayoría de las definiciones de liderazgo es que involucra a las personas, metas comunes y la motivación de esas personas para trabajar juntos y alcanzar esas metas. Puede sonar fácil, pero como todos sabemos del dicho al hecho hay mucho trecho. El liderazgo siempre es un desafío.

LEE ELLIS:

Los líderes hacen que las cosas ocurran, y los buenos líderes hacen que ocurran las cosas *correctas,* por lo tanto al final la responsabilidad por el éxito siempre recae en el liderazgo. Cuando alguien le da una mirada interior de una gran cantidad de compañías, es más bien fácil señalar las organizaciones en las cuales hay un buen liderazgo. Las primeras cosas que usted nota son las actitudes positivas y que las personas están alineadas, apuntando en la misma dirección. La visión corporativa se entiende bien, la gente está enfocada y alcanzando sus metas, o en caso contrario, están ejecutando acciones para volver al camino. Los líderes tienen sus limitaciones y a veces los problemas pueden ser porque él o ella simplemente no se ajustan a las necesidades de la ocasión. No importa cuál sea la situación, siempre se vuelve al liderazgo. Si las cosas no están saliendo bien, el líder debe hacer algo; si no, alguien a un nivel superior debiera hacerlo.

LEE ELLIS:

La mayoría de nosotros no desea mirar cosas como la inadecuación o la inseguridad. No obstante, para ser honestos, esto es un paso crucial en el viaje hacia la comprensión de uno mismo y los demás. Todos tenemos algunos de esos sentimientos y sin enfrentarlos de forma directa usted no puede ser auténtico consigo mismo. Aún más, si no es auténtico consigo mismo, no puede operar con total integridad con los demás. Sin integridad, ¿cómo puede ser un buen compañero de equipo, entrenador o líder? Por desdicha, ninguno de nosotros es una persona completamente perfecta, y esa es la razón por la cual nos sentimos inadecuados y todas esas otras palabras con «in»: inseguros, insuficientes, inferiores. Nunca obtenemos la satisfacción plena en la vida. No obstante, al brindarse aceptación los unos a los otros y también recibirla a través de nuestra conexión espiritual, podemos progresar más.

LEE ELLIS:

La evidencia se acumula mostrando que las compañías más exitosas son aquellas que valoran y desarrollan los talentos de su gente. A lo largo de toda mi carrera militar tuve la fortuna de liderar a algunas de las personas más talentosas de nuestra sociedad, y ellos fueron prominentemente responsables de mi éxito. Cuando la gente utiliza sus talentos es como nadar en la dirección de la corriente. Después de un largo día de trabajo pude que usted esté cansado, pero se siente bien porque ha estado yendo con la corriente y ha viajado una distancia larga. Por otra parte, cuando las personas están mal encuadradas es como si nadaran contra la corriente. Claro que pueden, pero se requiere mucha más energía, es estresante, agotador y el proceso es lento. Aquellos que desean éxito y significado harán bien en descubrir su propio camino en la vida a través del llamado de sus talentos.

ACERCA DEL AUTOR:

Lee Ellis

Lee Ellis es vicepresidente principal y cofundador de Recursos RigthPath, Inc. Lee es coautor con Larry Burkett de Your Career in Changing Times y de Finding the Career That Fits You. Es un coronel retirado de la Fuerza Aérea de Estados Unidos con asignaciones profesionales como piloto de guerra, piloto instructor, oficial de staff, y comandante de escuadrón de vuelo. Es un veterano de cincuenta y tres misiones de combate en Vietnam. En 1967 fue detenido y retenido como prisionero de guerra por más de cinco años. Después de su repatriación, retornó a sus deberes de vuelo con crecientes posiciones de liderazgo. Además de graduarse de la Universidad para el Staff de las Fuerzas Armadas y de la Universidad de Guerra Aérea, tiene un grado de maestría en consejería y desarrollo humano de la Universidad Estatal Troy. Él y su esposa Mary tienen cuatro hijos y cuatro nietos y residen en Gainesville, Georgia.

Capítulo 7:

El líder perfecto

por Kenneth Boa

KENNETH BOA:

Lo que un líder haga será de mayor impacto que lo que diga, en aquellos que desea liderar. Una persona puede olvidar el noventa por ciento de lo que un líder diga, pero jamás olvidará cómo vive. Es posible vivir una vida pública y otra vida privada. Eso no es ser íntegro; es invitar a la disciplina de Dios. Debemos vivir de manera consistente tanto en público como en privado, porque nuestro Padre «ve lo que se hace en secreto». Tener integridad significa estar sano, completo, integrado. En la medida en que se integren la ética y la moral de una persona, podemos decir que es íntegra. Y si estas dos cosas, la ética y la moral, no están integradas, diremos que la persona carece de integridad.

KENNETH BOA:

Los líderes cultivan su carácter adquiriendo sabiduría y entendimiento. Por supuesto, estas cualidades no se consiguen sin pagar un precio. Requieren del tipo de esfuerzo dedicado y paciente, como el que se ejerce en la minería al buscar oro y plata. Los líderes tienen que buscar con diligencia la sabiduría enterrada en la Palabra de Dios, como buscarían un tesoro cubierto por capas de tierra y roca. Esto significa que hay que usar las herramientas adecuadas y ejercer la paciencia y la diligencia, pasando tiempo sumergidos en este libro transformador de vida. Cuando buscamos poseer la sabiduría de Dios, podremos avanzar expresando sencillamente la visión y los valores de los líderes.

KENNETH BOA:

Los valores son esenciales para el liderazgo efectivo. Son verdades que no se negocian ni se debaten, y que motivan y dirigen nuestra conducta. Nos explican por qué hacemos las cosas y son elementos que erigen límites alrededor de nuestra conducta. Los valores son aquellas cosas que consideramos importantes y que nos dan guía y dirección a pesar de nuestras emociones. El tema central de los valores se resume en lo que Jesús llamó el primer y gran mandamiento: Ama al Señor tu Dios con todo su corazón, con toda tu alma y con toda tu mente (Mateo 22:37). Este es el valor de valores. Es el prisma a través del cual han de brillar todos los demás valores, el filtro para todas las decisiones de vida, de donde provienen las soluciones a los problemas.

KENNETH BOA:

¿Qué es lo que tienen algunos líderes? Parece que tuvieran un entusiasmo extra. Sus seguidores son notablemente productivos, y en sus áreas no parece haber demasiadas quejas en tanto la calidad de su trabajo es alta. La gente de las demás áreas quiere ser transferida a sus departamentos. ¿Cuál es el secreto? ¡La pasión! ¡El entusiasmo! Estos líderes tienen un propósito claramente definido que trasciende el mero hecho de sacar productos por la puerta de la fábrica y nada más. El propósito más alto de nuestras vidas ha de estar en línea con los propósitos de Dios. De otro modo, viviremos sintiendo frustración, una sensación de que todo es fútil.

KENNETH BOA:

Pocas cosas son tan vitales como la comunicación clara, en especial para los líderes. Una cosa es tener visión. Y otra cosa es comunicar esta visión a otras personas para que puedan abrazarla e interiorizarla. Quienes seguimos a Cristo tenemos la comisión de comunicar la visión de la nueva vida a otros dentro de nuestra esfera de influencia. Obviamente, el lugar para comenzar con esta comunicación es en el hogar, con nuestros propios hijos. Muchos padres han descubierto que de nada sirve criar a sus hijos con estándares morales si ellos mismos no lo poseen. No tiene sentido tratar de que los hijos obedezcan a Dios sin amarlo, y es imposible que los padres enseñen a sus hijos a amar a Dios si ellos no lo aman.

KENNETH BOA:

Una forma en la que las personas demuestran su capacidad de liderazgo es por medio de la utilización de su destreza para resolver problemas. Los líderes son pastores, mentores y personas que equipan a otros, y todas estas descripciones exigen relación. La autoridad del líder no proviene de su título o posición, sino del carácter, la competencia y la voluntad de invertir en la vida de otros. Una cosa es la capacidad para resolver problemas propios, pero como hemos visto, los líderes bíblicos utilizan su capacidad de resolución de problemas para ayudar a otros y hacer avanzar los propósitos del reino de Dios.

KENNETH BOA:

Todo líder competente conocerá la importancia de la formación del equipo. Un equipo puede lograr cosas que las personas no podrían conseguir trabajando por separado, por mucho que fueran sus talentos. La sinergia puede definirse como la interacción de elementos que al combinarse producen un efecto mayor a la suma de las partes individuales. La sinergia es una acción conjunta que aumenta la efectividad de cada uno de los miembros de un equipo. Para funcionar bien el equipo tiene que estar comprometido con una visión y un propósito comunes, y tiene que estar dispuesto a trabajar en unidad para el mejoramiento del todo en lugar de buscar el progreso de cualquiera de sus miembros en forma individual.

KENNETH BOA:

La toma de decisiones es una de las cosas que más competen al líder. De hecho, la capacidad para tomar decisiones es lo que diferencia a los líderes entre mediocres y buenos, y entre buenos y geniales. Es que las decisiones revelan los valores y la inteligencia. Requieren obediencia y dependencia de Dios. Exigen sabiduría. Todo lo que hagan los líderes se verá afectado por la forma en que tomen decisiones. Tenemos que esforzarnos por desarrollar el carácter y la convicción que nos lleven a tomar decisiones que sean el producto de nuestra relación con Dios.

ACERCA DEL AUTOR:

Kenneth Boa

El Dr. Kenneth Boa es el presidente de Reflectiones Ministries, una organización que anima, enseña y equipa a la gente para seguir a Cristo. Es el autor de *20 Evidencias irrefutables de que Dios existe; Conformados a su imagen; Cara a cara; Crecimiento espiritual a través de la Palabra y Cara a cara: Adoración íntima con Dios a través de su Palabra.*

Capítulo 8:

La iglesia emergente

por Dan Kimball

DAN KIMBALL:

Ser sensibles al que busca como un estilo de vida significa que somos sensibles a los buscadores espirituales en todo lo que hacemos. En este sentido, no es un estilo o metodología de adoración; es un estilo de vida que se relaciona con el ser sensibles a los buscadores de fe. Actualmente, en nuestra cultura, cuando alguien habla de un enfoque o un servicio de adoración sensible al buscador, en muchas ocasiones se está refiriendo a una metodología o estilo de ministrar, a una estrategia de diseñar el ministerio para atraer a aquellos que consideran la iglesia como algo irrelevante o aburrido. A menudo, eso implica remover lo que podría ser considerado como piedras de tropiezo religiosas o despliegues de espiritualidad, de tal manera que los buscadores se puedan relacionar con el ambiente y ser transformados por el mensaje de Jesús.

DAN KIMBALL:

Cuando oímos que se están produciendo cambios culturales nuestra reacción inicial es tratar de precisar los nuevos problemas y luego adaptar nuestros ministerios para corregirlos. Si vemos que la gente joven no viene a nuestras iglesias en la actualidad, creemos que es cuestión de añadir algunas canciones hip hop a la adoración. O tendemos a pensar que si apagamos las luces y colocamos algunas velas, estaremos controlando ese «asunto de lo posmoderno» y las generaciones emergentes regresarán a nuestras iglesias. Sin embargo, resulta inútil tratar de arreglar superficialmente un tema sin conocer sus causas. Tenemos que ser como los hombres de Isacar, que *eran expertos en el conocimiento de los tiempos* y capaces de discernir lo que debían hacer.

DAN KIMBALL:

A pesar de los desafíos que nos presentan la pluralidad y la diversidad presentes en la perspectiva que la gente tiene acerca de la espiritualidad, la sexualidad, la moral y la ética, yo soy muy optimista. Creo que las generaciones emergentes en realidad no se oponen a la verdad y la moral bíblica. Cuando la gente siente que no damos nuestra opinión de manera dogmática debido a una fe ciega y que no atacamos las creencias de otra gente por temor, ellos se muestran notablemente abiertos a mantener una discusión inteligente y amorosa sobre la opción y la verdad. De hecho, he visto que cuando Jesús y sus enseñanzas se ofrecen como una verdad sólida en medio de un mundo cambiante y confuso, la gente responde positivamente y con gran alivio. Las personas sencillamente se oponen a las actitudes intolerantes de aquellos que, sin compasión, argumentan poseer de manera exclusiva la verdad.

DAN KIMBALL:

Estamos viviendo en un maravilloso momento en el que las generaciones de jóvenes están ampliamente abiertas a Jesús, sin embargo, a menudo los cristianos constituyen la piedra de tropiezo. Debido a que las generaciones emergentes viven en este confuso y a menudo decepcionante mundo, es preciso poner un enfoque mucho más relacional en el ministerio y la evangelización. Tenemos que reconstruir la confianza y señalar a Jesús como aquel en el que se puede confiar siempre. Al diseñar el ministerio para la iglesia emergente, es preciso presentarle a Jesús a la gente, y no introducirlos en la subcultura cristiana del consumismo que sutilmente hemos creado. Tenemos que asegurarnos de que no estamos tratando de verlos como «nacidos de nuevo» en nuestra subcultura cristiana ni convertirlos en uno de nosotros, por el contrario, debemos procurar que sean transformados en discípulos de Jesús por el Espíritu Santo.

DAN KIMBALL:

Predicar es una hermosa manera de mostrarle a las personas de las generaciones emergentes que no solamente existe verdad en un mundo relativo, sino además hay una Verdad que los ama personalmente (Juan 14:6). No importa a quién dirijas tu predicación, resulta esencial que entiendas el clima, la idiosincrasia y las preocupaciones espirituales de tu audiencia.

Que desgracia sería para nosotros si simplemente atacáramos el pecado en nuestra prédica sin considerar que algunos de nuestros oyentes tal vez se encuentren por primera vez en la iglesia, trayendo consigo toda clase de confusión sobre su sexualidad. Una opción es enseñarles por primera vez cuál es la imagen bíblica. La predicación es más importante y santa que nunca, ya que ejercitamos el sagrado privilegio de abrir las escrituras y enseñar la divina historia de Dios a personas que la han escuchado por primera vez en su vida.

DAN KIMBALL:

En la iglesia moderna, por lo general, nuestra predicación se enfoca en la presentación lógica de los hechos para que la gente tome una decisión, lo que funcionaba perfectamente para la mentalidad moderna. Pero debido al cambio en la concepción del proceso de comunicación de la última década, nuestra forma de predicar debe ir más allá de las palabras y volverse interactiva. El viejo paradigma enseña que si tú tenías la instrucción correcta experimentarías a Dios. El nuevo paradigma dice que si experimentas a Dios, tendrás la instrucción correcta. Eso puede resultar perturbador para muchos que presuponen que la verdad proposicional debe siempre preceder y dictar la experiencia religiosa. *Nuestras vidas predican mejor que cualquier cosa que digamos.* Cuando predicamos, nuestras actitudes hablan más alto que nuestras palabras.

DAN KIMBALL:

En la iglesia emergente, nuestra misión es la evangelización, pero evangelización incluye el hacer discípulos. Convertirnos en aprendices de Jesús es todo el proceso necesario para nuestra santificación. La santificación es la formación espiritual que el Espíritu de Dios moldea y opera en nosotros de adentro hacia afuera. *Debemos establecer sistemas que no se conviertan en obstáculos para las generaciones emergentes.* Las iglesias precisan tener una estrategia para acercar a la gente al discipulado. Resulta necesario que los líderes de la iglesia emergente repiensen todo el concepto de discipulado porque, para ser sinceros, la iglesia moderna no ha hecho un muy buen trabajo.

Si hacer discípulos es nuestra meta primordial, es mejor que no tengamos miedo al momento de reconsiderar cómo lo logramos. Es simplemente excelencia cristiana, el cristianismo que las generaciones emergentes están deseando ver y experimentar.

DAN KIMBALL:

En la cultura post-cristiana, los líderes ocupan un lugar diferente del que ocupaban en la era cristiana moderna. Los líderes cristianos ya no tienen el derecho a ser escuchados y respetados por el solo hecho de ser quienes son. Es más, probablemente veamos que eso crece en un sentido opuesto. Es absolutamente necesario que los líderes dirijan, pero para comprometer a la cultura emergente, es preciso darle un giro a nuestro enfoque sobre el liderazgo. El liderazgo en la iglesia emergente ya no se enfoca en las estrategias, valores esenciales, declaraciones de misión o principios de crecimiento de la iglesia. Se centra en líderes que primero se convierten en discípulos de Jesús con un corazón misionero y quebrantado por la cultura emergente. Todo el resto vendrá como consecuencia, no al revés.

ACERCA DEL AUTOR:

Dan Kimball

Dan Kimball es autor de varios libros, incluyendo *Emerging Worship* y *Jesús me convence, pero la iglesia no*. Es pastor de la iglesia Vintage Faith en Santa Cruz, California, una iglesia misionera enfocada en la cultura emergente y post-cristiana. Dan y su esposa, Becky, tienen dos hijas, Claire y Natie, y un viejo Ford Mustang de 1966.

Capítulo 9:

Destinado al éxito

por Dante Gebel

DANTE GEBEL:

En estos años he logrado darme cuenta de que cuando una persona no logra sanar su autoestima, nunca podrá servir a Dios con todo su potencial y mucho menos alcanzar su destino en la vida. La estima suele ser un filtro, un tipo de gafas a través de las cuales solemos mirar el mundo que nos rodea. Una imagen propia dañada impide que logres tu sueño, y un sueño no cumplido termina convirtiéndose en una pesadilla. Siempre supe que si un padre no les dice a sus hijos lo que en realidad valen, alguien más lo hará, y quizás lo que escuchen no sea la verdad, pero lo terminen creyendo porque es lo único que oyeron acerca de sí mismos. Dios hizo por mí lo que todo buen padre hace: «Por supuesto que tienes mi favor, que hayas sido salvo por mi gracia no significa que no vales, no sabes cuánto te amo». Ah, esas palabras del final.

DANTE GEBEL:

La pasión comienza a apagarse exactamente en el momento en que se te olvida qué fue lo que te atrajo de la otra persona la primera vez. Algo similar sucede con nuestra relación con Dios. Muchísima gente no alcanza su destino ni tiene éxito en su vida, sencillamente porque olvidó qué fue lo que le atraía del Señor. Durante todo el año viajo para dar conferencias en distintas partes del mundo y me encuentro con gente que no recuerda por qué asiste a la iglesia. Han perdido la llama sagrada, la pasión, se quedaron sin el fuego. No se trata de cansarse para Dios, el juego no consiste en cuánto más hagas, no se trata de sumar puntos. Se trata del amor. Nunca podremos alcanzar nuestro propósito si no recordamos qué fue lo que nos atrajo, qué fue lo que nos enamoró. Lo importante es que no olvidemos el primer fuego.

DANTE GEBEL:

A diario me encuentro con jóvenes que me dicen: «Tengo un gran sueño, sé cuál es mi destino, he descubierto el propósito de mi vida». Sin embargo, luego de unos años, siguen estando en el mismo lugar, frustrados porque nada ha resultado como esperaban. Alguien mencionó alguna vez que el cementerio está lleno de sueños. Sueños que nunca se han cumplido, destinos que nunca fueron alcanzados. Y por lo general, la causa es que estas personas no se atrevieron a hacer algo por primera vez, aun a pesar del riesgo de fracasar en el intento. La mujer que tocó el manto abriéndose paso entre la multitud, el ciego Bartimeo que gritaba entre la bulliciosa turba, los cuatro amigos que rompieron el techo para bajar un lisiado ante el Maestro, todos tuvieron el común denominador de intentarlo, de bajar de la barca y caminar sobre las inestables olas del riesgo.

DANTE GEBEL:

Mientras que haya un pueblo sediento, da igual que Moisés golpee la piedra en lugar de hablarle como Dios le ordenó. El agua brotará de todos modos y el pueblo la beberá, independientemente de lo que luego suceda con Moisés, claro. Lo que trato de decir es que no importa cuán «novedoso» pueda ser tu ministerio. Llevar a la gente a Dios nunca fue un problema, en especial cuando toda la Biblia narra la historia de Dios buscando al hombre, y no al revés como siempre hemos creído. Lo difícil es llevarle a Dios al hombre. Tener tu propia historia con Dios, pararte ante la gente y decirle con autoridad: «Esto dice el Señor». Haber estado el suficiente tiempo con él para poder hablar en su nombre. Que ni siquiera haya tocado el micrófono y la atmósfera haya cambiado en el recinto solo porque tú entraste. Que en la oficina sientan algo especial e inexplicable cuando hablas, algo que no pueden definir, pero que los atrae y los incomoda a la vez.

DANTE GEBEL:

No se trata de saltar a la fama, sino de permanecer fiel a nuestro llamado y ser consecuentes con nuestro destino hasta el día en que nos toque partir. Es imposible que alcances tu destino si te resistes a ser procesado. La gente suele ver un estadio lleno y dice. «Señor, dame lo mismo, quiero predicarles a todas las naciones», pero pocos conocen el precio que hay que pagar. Puedo contarte lo que se siente al levantarse todos los días a las tres de la madrugada e ir a orar a una iglesia con un grupo de personas que anhelan algo más, hasta que llegue el amanecer, para luego irte directo a trabajar. También podría contarte lo que significa renunciar a cualquier comodidad personal durante casi dieciocho años para invertirlo todo en el reino de Dios. O llorar noches enteras a causa de las críticas hirientes que ponen en tela de juicio tus motivaciones.

DANTE GEBEL:

Las personas que esperan el momento ideal, el sitio oportuno y la fecha exacta, nunca han hecho nada productivo. Son como el individuo que dice que servirá a Dios de mejor manera una vez que abandone ese empleo que le consume tanto tiempo. O el que afirma que será más efectivo cuando cambie de congregación, el año entrante, cuando se case, el día que sus hijos crezcan, el próximo verano, una vez que le den las credenciales de ministro, al terminar sus estudios o cuando tenga todo el dinero. Si no eres emprendedor, te arriesgas, te endeudas y te enfrentas a tus temores, lo más probable es que nunca hagas nada que amerite el que Dios te haya llamado. Ante un nuevo desafío, solo debes preguntarte si este ayuda a cumplir el propósito por el cual has nacido. Cada vez que bajes de la barca, correrás un riesgo. Sin embargo, no existe otra forma de hacer las cosas, nadie que haya pedido garantías ha logrado dejar una huella para las generaciones siguientes.

DANTE GEBEL:

Hay personas a las que no les gusta planificar porque creen que eso deja afuera a Dios, pero sucede todo lo contrario. La planificación no solo no es un pecado, sino por el contrario, es una condición determinante para que Dios pueda hacer algo serio con nuestras vidas. Planificar y capturar en un papel aquello que queremos es un deber. Una visión documentada que se transforma en un plan puede ser capturada con facilidad por los demás. La gente se involucra con tu visión cuando ves con claridad hacia donde te diriges. Por otra parte, esto te permite que puedas orar de manera específica. Si no tienes un destino claro y planificado, te costará horrores pasar más de diez minutos en comunión íntima con el Señor, por la sencilla razón de que divagas a través de ideas dispersas, sin siquiera saber qué pedir y por qué agradecer. Y sobre todo, cuando no tienes un plan escrito, pierdes oportunidades.

DANTE GEBEL:

Tu visión y tu propósito en la vida será inspirar a otros, así que deberás poner toda tu energía en eso. Será en lo primero que pienses cada mañana y en lo último que medites cada noche antes de dormir, inspirar a varias generaciones será tu estandarte en la vida, tu código de honor, tu baluarte en la batalla diaria. Se lo trasmitirás a tus hijos y a tus nietos, será tu herencia, tu más preciado legado. Cada noche, te preguntarás si has hecho algo por inspirar a alguien, cada mañana volverás a comenzar. El tiempo correrá para ti como en una cuenta regresiva, cada año que cumplas a partir de ahora, no será un año más de vida, sino uno menos que te resta para cumplir tu destino. Lo intentarás con cada átomo de tu cuerpo, con la fibra más íntima de tu ser. Invertirás todas tus fuerzas y toda tu vida en lograrlo.

ACERCA DEL AUTOR:

Dante Gebel

Dante es un reconocido conferencista, orador y motivador y alcanza a un público inmenso en más de cincuenta países a través de sus programas televisivos y radiales, los cuales se emiten en varias cadenas de Latinoamérica, Asia y Europa. Ha realizado varios espectáculos multitudinarios en diferentes estadios a los que llama Superclásicos de la Juventud. Dante es Ministro de las Asambleas de Dios, evangelista y actual Pastor de la Catedral de Cristal Hispana de Garden Grove, junto a Liliana Gebel, su esposa desde hace casi veinte años. Ambos han asumido el reto de dirigir la ascendente iglesia, invirtiendo su tiempo en esta nueva etapa de sus vidas, junto a sus cuatro hijos: Brian Federico, Kevin Daniel, Jason Anthony y Megan Lilian. La familia reside en Orange y llevan adelante la hermosa tarea de pastorear una de las iglesias más emblemáticas y famosas en todo el mundo.

Capítulo 10:

¡Ayúdenme! ¡Soy un líder de jóvenes!

por Doug Fields

DOUG FIELDS:

Los jóvenes necesitan la aprobación verbal más que los dramas, la música y los eventos. Todos los días reciben mensajes diciéndoles que no son lo suficientemente buenos, delgados o inteligentes. Una palabra de ánimo de un adulto que sea importante para ellos no la olvidarán rápidamente. Si tú y yo anhelamos el ánimo, imagínate la manera en la que un joven inseguro se va a asir de un elogio tuyo. No comentes solo acerca de su apariencia o sus logros. Eso es lo que el mundo admira. Reconoce sus cualidades: carácter, capacidad de análisis, actitud, santidad y esfuerzo. Siempre trata de buscar lo bueno en tus jóvenes. Puedes expresarles palabras de aprobación, pero las notas escritas son mejores.

DOUG FIELDS:

Los jóvenes tienen adultos entrando y saliendo de sus vidas todo el tiempo. Me gustaría ver que el ministerio juvenil se convirtiera en un lugar donde se vea la constancia de los adultos. Un lugar en el que los jóvenes tuvieran un sentido de seguridad, consuelo y confianza. Para que eso suceda, tendríamos que reorganizar nuestros compromisos y posiblemente *hacer menos en un periodo de tiempo más largo.* No trato de hacerte sentir culpable, sino que quiero animarte a que pienses a largo plazo. Si piensas servir a corto plazo, concéntrate en realizar actividades en vez de desarrollar relaciones. Si planeas servir por seis meses, puedes ayudar con la administración u colaborar tras el escenario. No te apresures a entablar una relación con una actitud de corto plazo.

DOUG FIELDS:

Hasta hoy, aun me disgusta admitir que hay jóvenes, padres y otros líderes a los que no les simpatizo. El hecho es que si eres líder y estás tomando o haciendo cumplir decisiones que afectan a otros, no siempre vas a ser querido: Algunas de tus decisiones no le van a gustar a la gente. Esto es cierto en cualquier posición de liderazgo. En vez de tratar de huir de tu responsabilidad, enfócate en la imparcialidad. Te sentirás mucho mejor cuando te percates de que todo el mundo no siempre va a concordar contigo. Y vas a estar en buena compañía. Las Escrituras son claras: Jesús no le simpatizó a todo el mundo tampoco.

DOUG FIELDS:

Mientras más trabajo con adolescentes menos me sorprendo de sus pecados y los brutales problemas de su vida. Si todavía no te ha pasado, probablemente tendrás el privilegio de escuchar historias personales intensas. Trato de nunca actuar sorprendido cuando un joven me cuenta su dolor o pecado. No quiero que mis emociones envíen un mensaje poderosamente negativo. Una reacción de sorpresa puede reforzar en el joven el sentimiento de indignidad y paralizar cualquier tipo de recuperación. Y es probable que nunca te vuelva a decir nada importante. Tú y yo necesitamos recordar que también somos capaces de cometer cualquier tipo de pecado. Duélete con ellos. Llora con ellos. Rómpete el corazón con ellos. Pero no te sorprendas de sus pecados. Pasa más tiempo sorprendido por la gracia de Dios y su constante perdón. Y ayuda a tus muchachos a encontrarlo.

DOUG FIELDS:

Una de las características que aprecio más en un voluntario es la *constancia*. Si eres constante, estás apoyando a tu director en una forma tremenda. Prefiero tener una persona con quien siempre pueda contar que una docena de voluntarios inconstantes. La constancia comunica tu compromiso con una misión así como con un equipo de personas. Sin embargo, la palabra *constancia* no significa comprometerse de más.

Es difícil ser constante cuando se espera que estés en cada actividad. Comprométete en los programas que estén de acuerdo con tu tiempo y tus talentos. Y sé constante a ese compromiso. No gastes tu tiempo sintiéndote culpable por lo que no estás haciendo. Dale gracias a Dios por lo que puedes hacer. Y gózate de asumir compromisos en los que pueden contar contigo.

DOUG FIELDS:

Sin un seguimiento apropiado, los chicos pueden perderse con facilidad y caer en el hoyo de las caras y nombres olvidados. Entre mayor sea el grupo, más difícil es la tarea. Un seguimiento eficaz requiere un interés activo por lo que está sucediendo en la vida de los jóvenes. Su mundo es tan abrumador que necesitan a alguien que pueda reducirlo; alguien que se percate cuando algo está mal, se preocupe por sus cambios de humor, se interese en sus fallas y éxitos, y advierta cuando no van al grupo. He visto jóvenes con baja autoestima crecer en su fe y confianza porque alguien apartó tiempo para darles seguimiento. Los muchachos necesitan que enloquezcas por su mundo privado.

DOUG FIELDS:

Esto puede parecer obvio, aunque no quiero
jugar con un concepto teológico serio.
Pero muchas personas involucradas en la obra
de Dios olvidan consultarlo acerca de sus
proyectos. La dependencia de Dios va a
cambiar tu vida personal, el ministerio juvenil
y los jóvenes con quienes trabajas. No es
ningún secreto que las cosas operan mejor
cuando Dios es parte de ellas. Los trabajadores
juveniles necesitan pedirle a Dios que los use
en las formas que *él* quiera. Esto puede incluir
guardar boletines, saludar a los jóvenes
cuando llegan o cuidar a un solo joven.
Si Dios está dirigiendo tu vida y tu ministerio,
serás recompensado en cualquier
cosa que hagas.

DOUG FIELDS:

Un ministerio juvenil de calidad se desarrolla sobre el crecimiento de las relaciones significativas. Más allá de la fama y los programas impactantes, lo que distingue a un grupo extraordinario son las relaciones que tengas con los muchachos. Tu relación con los chicos va a durar más tiempo que el recuerdo de tu mejor mensaje. Los mensajes son importantes, pero las relaciones impactan a los muchachos más que los discursos. Los adolescentes necesitan relaciones fuertes con adultos. Aunque muy pocos lo reconozcan, desean relaciones significativas con personas mayores. Cuando tus muchachos sienten el amor que les tienes, entienden tus mensajes sobre el amor de Dios mucho mejor.

ACERCA DEL AUTOR:

Doug Fields

Doug Fields tiene más de 20 años de experiencia en el ministerio con jóvenes y es autor y coautor de varios libros incluyendo *Las lecciones bíblicas creativas en la vida de Cristo, Videos que enseñan, Melodramas espontáneos* y *Ministerio de jóvenes con propósito*. Doug es pastor de jóvenes en la comunidad cristiana de Saddleback en el sur de California y con frecuencia sirve de maestro en los entrenamientos de Especialidades Juveniles.

Capítulo 11:

Cómo hacer realidad sus sueños

por Osvaldo Carnival

OSVALDO CARNIVAL:

Por mi tarea es habitual que me relacione continuamente con líderes. Algo que suelo escuchar de ellos es la queja de falta de compromiso de su gente; pero, en realidad, lo que yo noto es que se carece de una visión, de un sueño. De forma innata, la gente busca motivos por los cuales comprometerse. Las personas buscan desafíos importantes, trascendentes, donde valga la pena el esfuerzo. Esta es una de las razones por las que se suma entusiasmo para participar en tareas comunitarias como hacer una plaza, construir una vivienda para los más necesitados, organizar un comedor para alimentar a niños carentes de recursos, como así también, sumarse en proyectos de conservación y preservación de la ecología como los que realiza Greenpeace Internacional.

OSVALDO CARNIVAL:

Si de alguna manera usted desempeña un rol del liderazgo, es de incomparable valor aprender a escuchar y a valorar los talentos de los demás. Permita que su gente se desarrolle, encuentre la manera en que ellos se capaciten y comprométase con este ejercicio: en momentos cruciales, por favor, córrase, ceda su lugar a otro. Para que otros progresen en ciertas ocasiones, usted, que es el líder, debe correrse. Allí se producirán los espacios vacíos para que otros asuman el protagonismo. Cuando un líder por algún imprevisto tiene que faltar a cierta actividad, es la ocasión propicia para que otros tomen una posición de desafío y crecimiento. Ese es el momento ideal para que otros se desarrollen. Luego, tanto aquel como su equipo, son asombrados por los resultados.

OSVALDO CARNIVAL:

Cuántas veces nos preguntamos cuál es el secreto del éxito. Yo creo no equivocarme en resumirlo en la siguiente palabra: PERSEVERANCIA. La impaciencia nos lleva a abandonar la lucha antes de tiempo y, de esta forma, en reiteradas oportunidades, la inconstancia hace abortar nuestros mejores sueños; no logramos ver con claridad. La visión es nublada por falta de persistencia. Por lo general, cuando nos lanzamos a nuevos desafíos, y lo hacemos con mucho entusiasmo y grandes expectativas, y nos trazamos objetivos lo suficientemente altos para motivarnos. Pero debemos tener en cuenta que lo importante no es sólo poseer un sueño y emprender el viaje, sino que la verdadera felicidad radica en llegar a destino. Comenzar y finalizar.

OSVALDO CARNIVAL:

Una de las características de una persona que ejerce el liderazgo es que tiene la capacidad de guiar a sus seguidores en la toma de decisiones. Este liderazgo puede desarrollarse en el hogar, en la empresa, en el trabajo o en cualquier otra circunstancia. El verdadero líder le enseña a sus seguidores a practicar el poder de la elección. La postergación de las decisiones lo único que hará será retrasar el cumplimiento del sueño. Pero no solo pueden dilatarlo, sino que pueden dar lugar a que nunca llegue. Una decisión a tiempo puede ahorrarle meses y años de amargura. No se demore: Si sabe lo que debe hacer, entonces, ¡decídase!, no siga construyendo excusas o buscando caminos alternativos, no espere a sentir para hacer. ¡Solo hágalo! ¡Decídase YA!

OSVALDO CARNIVAL:

Toda persona que ha logrado éxito, primero fracasó. ¿Qué hacer frente al fracaso? Los fracasos tienen la capacidad de enseñarnos a cambiar. Las caídas suceden en un instante, el problema es cuando hacemos de ese momento una imagen congelada que permanece eternamente. Si no ha encontrado la salida, siga intentando, seguro la hallará. No hay problema que no lleve en sí mismo el germen de la solución. Solo hay que encontrarlo. Probar es mucho más significativo que pasar el resto de la vida en el mundo de los lamentos. No alcanzar el objetivo es una manera de comprender que ese no es el camino, pero que, sin lugar a dudas, debe de haber otra forma de alcanzarlo. Cuando el resultado esperado no se avecina cambiemos la estrategia, y puede ser que de esa manera, resulte.

OSVALDO CARNIVAL:

Si toma tiempo para ordenar su vida interior y exterior, finalmente, alcanzará sus objetivos. Aparecerán maneras y caminos que nunca antes conoció ni transitó. Serán cosas nuevas, nunca antes imaginadas, que lo conducirán hacia la felicidad. Añadirá sabiduría a su caminar diario, si lo hace de manera ordenada. Buscar la manera de corregir nuestros errores y ordenar nuestro camino nos da sabiduría y nos enseña a sacar más provecho de lo que hacemos. Si no ordenamos nuestra vida, atravesaremos nuestra existencia con mucho apresuramiento, fatigándonos y, lo que es peor, amargándonos porque no vemos los resultados deseados. Se necesita recuperar el sentido del orden, de lo justo, de lo adecuado, de lo correcto.

OSVALDO CARNIVAL:

Conviene disfrutar cada día como si fuera el último. El ayer ya se fue y el mañana no ha llegado. ¡Aproveche el hoy! Es realista, cuando aquí y ahora elige lo mejor para usted y para los demás, sin lastimarse ni lastimar. Un día admite veinticuatro horas de mil cuatrocientos cuarenta minutos diarios, lo cual representa ciento sesenta y ocho horas semanales. Piense en personas reconocidas, hombres y mujeres que contribuyeron significativamente a cambiar la historia de la humanidad, líderes del pasado, investigadores, científicos, o simplemente en gente contemporánea, empresarios, deportistas, educadores, personalidades destacadas; todos ellos tienen una característica; poseen el mismo tiempo que usted. Sus días no son de veinticinco horas.

OSVALDO CARNIVAL:

Activismo es distinto de actividad. Activismo es hacer muchas cosas a la vez. En la vida no interesa la cantidad de libros que comenzamos a leer, o en las mujeres la cantidad de tejidos que se iniciaron; sino cuántos libros y tejidos concluimos. Vamos caminando e involucrándonos en cuanta cosa se nos presente; pero luego, al mismo tiempo, vamos dejando todo por la mitad. Muchos emprendimientos, pero poco o nada de progreso real. Comience una tarea y acábela. Emprenda una carrera y termínela. Comience el curso que tanto ha soñado y finalícelo. Empiece la dieta y ¡termínela! Cumpla acabadamente lo que se propone.

ACERCA DEL AUTOR:

Osvaldo Carnival

Osvaldo Carnival es conferencista en las plataformas de seminarios y convenciones alrededor de todo el mundo. Es pastor de Catedral de la Fe, una de las congregaciones evangélicas más numerosas de la Argentina, que cuenta con más de veinticinco mil asistentes. Entre sus numerosos libros publicados se destacan *Atrapados por el Espíritu* (2009), *Cómo superar los problemas con alegría* (2006), *Cómo criar un hijo delincuente* (2009) y *El destino* (2010).

Actualmente conduce Salida directa, un programa emitido por diferentes estaciones de televisión de toda América latina, y es columnista de varios programas de la emisora FM 92.3 La Radio. Vive en la ciudad de Buenos Aires, Argentina, junto a su esposa Alejandra y sus tres hijos.

Capítulo 12:

El ministerio juvenil efectivo

por Lucas Leys

LUCAS LEYS:

Definitivamente el ministerio juvenil no es para entretener a los jóvenes de forma que mientras pasan por la adolescencia no se metan en problemas y menos aun se trata de una práctica hacia el ministerio «en serio». *Los jóvenes de hoy NO necesitan líderes que «practiquen» con ellos mientras se preparan para su carrera de política ministerial.* Ellos necesitan líderes que tengan la visión suficiente como para entender que el ministerio juvenil no se trata de tenerlos dentro de un barril llamado templo para darles un alimento llamado Biblia por un hoyo llamado predicación con un micrófono. Esta es la generación de multimedia, del ciberespacio, y del pensamiento mosaico: la posibilidad de captar varios mensajes al mismo tiempo y construir las ideas como ninguna generación lo hizo antes.

LUCAS LEYS:

La gran tarea del ministerio juvenil es acompañar a los jóvenes a la madurez completa. Esta se desglosa en los cinco carriles del desarrollo: físico, intelectual, emocional, social y espiritual, y desde la perspectiva del ministerio juvenil nuestro trabajo es ayudar a los jóvenes a ir saltando en estas áreas que muchas veces son como vallas hacia la madurez completa. Si tuviéramos que elegir dónde sembrar nuestras semillas, es preferible ponerlas donde nadie mejor que nosotros las va a sembrar. Pero lo cierto es que esa es una elección que en muy rara ocasión tendremos que hacer. Hoy por hoy, la mayoría de los líderes juveniles pueden afectar conscientemente todas las áreas del desarrollo. Pero hay una verdad aun más crucial: es casi imposible dividir al ser humano en áreas. Las separamos con el fin de explicar todos los componentes del desarrollo pero la línea divisoria que separa todos los carriles es a veces gris y hasta casi desaparece de la carrera.

LUCAS LEYS:

Los buenos líderes saben que no sólo se trata de «conocer» la gran meta del ministerio juvenil y los propósitos de Dios para la iglesia, sino de asegurarse de que todos los involucrados también lo sepan. Estos líderes saben que la gente atrapa la misión del ministerio de diferentes formas y por eso se aseguran de diversas maneras que la mayor parte posible de involucrados tenga claro a dónde se dirigen. Es un hecho que algunas personas tenemos tendencia a ser movilizados por lo visual, otros por lo auditivo y otros definitivamente por lo afectivo. Por eso es necesario usar diversos métodos para promocionar la dirección de nuestros ministerios. Para desarrollar un ministerio efectivo es necesario que todos los involucrados entiendan el gran por qué de lo que hacemos y que sepan qué es lo que queremos lograr en el nombre de Jesús.

LUCAS LEYS:

Cada vez más escuchamos acerca del «ministerio juvenil relacional». ¿De qué se trata exactamente? El ministerio relacional se trata de llevar a los jóvenes hacia la madurez y los propósitos por la vía de la amistad y del trabajo de las relaciones. Por eso la siguiente clave del ministerio juvenil efectivo es *trabajar las relaciones significativas*. Si los programas deben servir para atraerlos a la iglesia y los propósitos claros para movilizarlos al crecimiento, las relaciones son las que retienen a los jóvenes en tiempo de crisis y los mantienen creciendo en la intimidad. Usualmente les digo a los líderes juveniles con los que tengo el privilegio de ministrar: «Si no logramos que los chicos hagan fuertes amistades en la iglesia, las harán afuera y ante la crisis o la tentación los perderemos». El ministerio relacional no es otro modelo de ministerio juvenil, es la misma naturaleza del ministerio juvenil efectivo.

LUCAS LEYS:

Nada es más estratégico que el liderazgo. Muy poco podría lograrse si alguien no toma la iniciativa de producir ese algo. Por eso el liderazgo es el origen de todo cambio. Todas las claves del ministerio juvenil efectivo son potenciadas o paralizadas por el liderazgo. Somos los líderes los que las ponemos en su lugar o los que las tenemos desordenadas. El liderazgo determina los *qué*, los *cómo*, los *cuándo* y los *porqué* del ministerio juvenil. Por eso es indispensable que sean los líderes los que ponen en funcionamiento todo lo que conversamos hasta ahora. Al viajar y conocer tantos ministerios juveniles con distintos estilos me doy cuenta de que los ministerios juveniles efectivos tienen siempre algo en común: los ministerios efectivos tienen líderes sobresalientes. La puesta en funcionamiento de los dones del Espíritu de jóvenes que ya están listos para ser útiles al reino requiere de directores técnicos y entrenadores lo mejor preparados para sacar equipos campeones.

LUCAS LEYS:

Si el blanco final del ministerio juvenil puede ser resumido en acompañar a cada joven que tengamos el privilegio de ministrar a la madurez en Cristo (Colosenses 1:28) es clave que el liderazgo esté preparado para dar participación, involucramiento y protagonismo a esta generación. Pero nos enfrentamos a tres desafíos: El primero es que no todos los jóvenes son igual de maduros; la manera de atraerlos, involucrarlos y movilizarlos no es la misma. El segundo desafío es que no todos los líderes tenemos estilos iguales. Por eso cuando se escribe sobre el liderazgo juvenil hay que tener en cuenta las diferencias de personalidad, dones y talentos. El tercer desafío es que en la iglesia perdura una leyenda que complica los dos desafíos anteriores; se trata de la leyenda del llanero solitario: El súper predicador que vaga solo y arregla todo detrás de un púlpito.

LUCAS LEYS:

Para distinguir cómo la juventud «de hoy» puede ser atraída a tomar su lugar en la iglesia que Dios planeó en su corazón, hace falta reflexionar y describir la cultura en que esta generación y la iglesia coalicionan. Estos ministerios tienen líderes con una idea astuta de en qué andan los adolescentes que quieren conquistar para Cristo. Utilizan los códigos modernos sin alterar el mensaje eterno *porque saben diferenciar qué es central en el mensaje evangélico y qué es cuestión de formas, tradiciones y cultura,* por eso son relevantes para una comunidad. Entrar en contacto con la cultura que queremos invadir es usar todas esas cosas, códigos y tendencias que son parte de la vida diaria de nuestros contextos, con el objetivo claro de acompañar a los jóvenes a la madurez integral y responder a sus preguntas y no a las de una generación anterior.

LUCAS LEYS:

No sé cómo fue que llegaste al ministerio juvenil. Las razones pueden haber sido claras o confusas, pero no fue un error del cielo. Por algo Dios te colocó en esta posición estratégica y por algo también está este libro en tus manos. Hay una palabra que no me canso de repetir en relación al ministerio juvenil y es P O T E N C I A L. No importa si eres un veterano o si recién estás empezando. Los líderes juveniles tenemos la oportunidad de afectar la iglesia quizás como ningún otro grupo ministerial. Durante la adolescencia además de sumar nuevos conocimientos los seres humanos confirman o niegan los valores aprendidos durante la niñez. Por eso la juventud es el momento justo en que un o una líder puede alterar el curso de la vida de una persona y por ende su futura familia. Mi anhelo cuando estoy con líderes juveniles es asegurarme de que sean conscientes de los talentos que han sido puestos en sus manos por el diseñador de la vida.

ACERCA DEL AUTOR:

Lucas Leys

Lucas Leys ha trabajado en el pastorado juvenil en iglesias locales de diferentes países y denominaciones y ha participado de distintas asociaciones cristianas. Tiene un doctorado con honores del Seminario Teológico Fuller. Es director de Especialidades Juveniles con quienes produce recursos para el ministerio juvenil y es uno de los fundadores de LAGRAM, organización que coopera con las iglesias locales en la evangelización y el discipulado de adolescentes.

Capítulo 13:

La generación emergente

por Junior Zapata

La génération
emergente

JUNIOR ZAPATA:

El genuino ministerio efectivo no se mide por lo que hacemos en la vida, por cómo se venden nuestros libros, nuestra música o las entradas a nuestros eventos. Se mide por lo que las nuevas generaciones harán a causa de nuestra influencia y enseñanza. Debemos entender que vivimos y morimos en nuestra generación, pero también nos toca servir a otra generación que no es la nuestra. Esta generación de jóvenes que estamos sirviendo pasará al futuro delante de nuestros ojos nos guste o no. Los veremos cruzar el río y habitar una tierra que Dios tiene para ellos. Sin embargo, aunque nos quedemos de «este lado», tenemos la obligación de enseñarles los mandamientos de Dios como las verdades absolutas que son, para que en la cultura que encuentren puedan vivir de acuerdo a esos principios. Por eso es importante que nos concentremos en los mandamientos y verdades de Dios, no en nuestras costumbres fabricadas a través de los años.

JUNIOR ZAPATA:

Esta generación es más capaz de lo que pensamos. No los podemos medir con los parámetros con los que nos medían a nosotros. Si esperamos de ellos irresponsabilidad e informalidad, eso es lo que obtendremos. Si no son responsables, ¿de quién es la culpa? ¿Acaso no somos sus líderes los encargados de enseñarles? Los líderes de la iglesia les están negando el liderazgo a jóvenes que en su trabajo o en su escuela son vistos como líderes. No pretendamos que vamos al frente de una nueva generación. Los caminos de esta nueva generación nadie los ha pisado. En estas enmarañadas veredas, esta generación tiene mejor sentido de dirección que nosotros. Instruyámoslos en «su» camino, no en el nuestro. Ese ha quedado atrás.

JUNIOR ZAPATA:

Como líderes, así como «enviamos» a los jóvenes a estudiar al seminario, a la facultad de administración, debemos enviar a nuestros chicos creativos a las escuelas de cine, periodismo, arte, ballet, televisión, fotografía, diseño, modelaje y muchas otras. Estas no son las áreas a las que estamos acostumbrados, pero tampoco los desafíos de hoy son a los que estamos acostumbrados. Dios es Dios del arte, de la pintura, de la escultura, de la arquitectura, del diseño, del teatro. Si no fuera el Dios del arte, dejaría de ser Dios. No hay medio artístico que «sea del mundo», no hay estilo artístico o corriente artística que «sea del mundo». Nada hay que no sea de Dios y que no exista para Dios. Aquellos que estamos en el liderazgo, tomemos el ejemplo del sacerdote Ahimelec. En lugar de esconder las armas que el «mundo usa», facilitémoselas a nuestros jóvenes, porque no hay ninguna como esas.

JUNIOR ZAPATA:

Nos llenamos la boca hablando de la cantidad de jóvenes que llegan a nuestros eventos, pero presumimos con sombrero ajeno. Hasta que nuestros eventos se llenen con la misma cantidad de jóvenes no cristianos, no tendremos algo de qué presumir. Mientras no hablemos de más.

Dediquémonos a pastorear las ovejas que Dios nos ha dado, no a buscar estrategias sobre cómo hacer llegar a los jóvenes de otras iglesias a nuestras actividades. A los pastores jóvenes les digo que sean originales y no copien. Asumimos que si hacemos las cosas como las están haciendo en «la otra» iglesia, vamos a tener «sus resultados». Bueno, tal vez sí tendremos los mismos resultados, pero eso no quiere decir que son los resultados que nuestra comunidad (iglesia) necesita.

JUNIOR ZAPATA:

La realidad es que los héroes de inspiración social y espiritual se levantan dentro de la misma sociedad, emergen, no vienen de «afuera». ¿Quién es la gran inspiración hoy? ¿A quién podríamos señalar en nuestro continente hoy en día como héroe? Son nuestros adolescentes y jóvenes los que no encuentran mayor razón de asistir a la iglesia. Nuestros jóvenes no están encontrando fuente de inspiración en la iglesia. Urge que nuestros jóvenes tengan a alguien inconcebiblemente positivo en sus vidas. No son los eventos cristianos los que inspiran, son las personas. Los presupuestos de nuestras organizaciones e iglesias deben reflejar que la inversión de recursos está en las personas que pueden ser de inspiración y no en los eventos, edificios o mercancías.

JUNIOR ZAPATA:

Es interesante ver como la iglesia no puede confiarle la libertad a los jóvenes, la misma libertad que Dios le ha confiado a la humanidad a través de la historia. A una generación no se le puede enseñar a honrar a Dios a través de las reglas, las costumbres y las preferencias culturales de las iglesias. La enseñanza a honrar a Dios se basa en la libertad que el individuo tiene de escoger honrarle. Ellos no necesitan saber «cómo comportarse» en la iglesia. Ellos necesitan saber qué hacer cuando les estén hablando de tener relaciones sexuales. Cuando les estén convenciendo de que el «sexo oral» no significa tener relaciones sexuales. Necesitan saber qué responder cuando les ofrezcan crack, cocaína, marihuana o éxtasis.

JUNIOR ZAPATA:

No podemos ser selectivos y pretender cambiar la sociedad cuando la misma está perdida y esperando que alguien la encuentre. Lo interesante de todo esto es que nuestros jóvenes están perdidos porque están buscando, y ya se les olvidó qué buscan. Ellos quieren ser encontrados, necesitan ser encontrados y aceptados. Ahora, al aceptarlos no estamos aprobando el pecado. Pero debemos ser lo suficiente francos con ellos y expresarles que nosotros, sus líderes, luchamos también con el pecado en nuestra vida. Luchamos contra los apetitos de la carne. Y que por eso los entendemos cuando caen en pecado, porque nosotros constantemente estamos cayendo en pecado. Debemos quitarnos ya el antifaz de santos perfectos y dejar que se vea lo que realmente somos, pecadores urgidos de la gracia.

JUNIOR ZAPATA:

Cuando traes a alguien a los pies de Cristo estas tocando a cientos y miles de personas con el evangelio. Tú no sabes a quién le compartes el evangelio. No sabes a cuántos esa persona les va a compartir lo que recibió de ti. No sabes cuántas generaciones estás afectando. De igual manera, no sabes cuántos se van a perder si no lo haces. La importancia de trasmitir el evangelio a otras generaciones. Nunca sabemos el fruto que dará la semilla que plantamos. La verdad que no podemos predecir el resultado de nuestra siembra, por eso no debemos sembrar otra cosa que no sea el evangelio. Es nuestro deber sembrar el evangelio en los corazones de nuestros hijos, de la nueva generación. Nuestra obligación es trasmitir verdades eternas, no métodos, tradiciones o estilos organizacionales.

La única salida que esta cultura decadente tiene está en el evangelio, no en nuestras iglesias ni en nuestros eventos.

ACERCA DEL AUTOR:

Junior Zapata

Junior Zapata vive en Guatemala con su esposa Any y sus dos hijas. Está al frente del Instituto Evangélico América Latina, una de las escuelas cristianas más grandes de Latino América. Es considerado un pensador contemporáneo de la Iglesia Cristiana. Es Pastor en «Metáforas», una pequeña iglesia para personas que no caben en la iglesia. Estudió comunicaciones, teología y filosofía en Estados Unidos, Francia y México.

Capítulo 14:

El código de Jesús

por Darío Silva-Silva

DARIO SILVA-SILVA:

Relatos bíblicos e histórico-culturales describen a Juan el Bautista como un buen salvaje, alejado de una sociedad corrupta a la que miraba con recelo. Por eso, marca un severo contraste con el Hombre que viene a pedirle que lo bautice; quien es, dicho sea de paso, su primo, y lo califica sin rodeos como «el más grande de los nacidos de mujer», aunque él es apenas «una voz que clama en el desierto». Al margen de todas estas consideraciones, en el bautismo de Jesús hay otro aspecto que no puede pasarse por alto. Juan declaró: «Vi al Espíritu descender del cielo como una paloma y permanecer sobre él» (Juan 1:32). El Cordero y la Paloma posan entonces para una foto eterna en la cual el Hijo y el Espíritu están unidos bajo la voz del Padre, y el Bautista reconoce abiertamente que Jesús es quien bautiza en el Espíritu Santo. Esa es la clave.

D A R I O   S I L V A - S I L V A:

Mateo, quien es un hombre próspero debido a aquel gran negocio, está sentado en una especie de oficina callejera, recaudando el dinero para los romanos y para su propia bolsa, cuando para Jesús y le dice una sola palabra: «Sígueme». Causa impacto observar que el hombre no vacila un solo instante, sino, de inmediato, deja tirados a la intemperie sus elementos de trabajo: la caja fuerte, los cheques, los billetes, las facturas, los recibos y los libros de contabilidad, y se va detrás del Señor. Jesús fue criticado con frecuencia por asistir a banquetes con *personas non gratas*. En verdad el cielo está lleno de prostitutas y publicanos arrepentidos; el infierno, en cambio, de damas y caballeros que nunca adulteraron ni robaron, pero tuvieron un orgullo tan grande que nunca se pusieron de rodillas para pedirle a Dios perdón por sus pecados. A Jesús le siguen gustando las malas compañías. Me consta de manera personal.

DARIO SILVA-SILVA:

Hay preguntas de Dios que reclaman respuestas del hombre. Más esencialmente aún: Hay UNA pregunta de Dios que reclama UNA respuesta del hombre. Más preciso todavía: LA pregunta de Dios reclama LA respuesta del hombre. Si guardara silencio por un solo instante, escucharía la única pregunta: ¿Quién es Jesús para ti? Entonces, como Pedro, podría dar la única respuesta aceptable: «El Cristo, el Hijo del Dios viviente». Esa es la clave. Hay preguntas del hombre que reclaman respuestas de Dios. Más esencialista aún: Hay UNA pregunta del hombre que reclama UNA respuesta de Dios. Más preciso todavía: LA pregunta del hombre reclama LA respuesta de Dios. Terminemos esto en forma simple y directa: Jesucristo es la Gran Pregunta que Dios le hace al hombre y la Gran Respuesta que el hombre debe darle a Dios, por ser, al mismo tiempo, la Gran Respuesta de Dios a las varias preguntas del hombre que son todas una sola.

DARIO SILVA-SILVA:

Tenemos un concepto erróneo o, al menos, exagerado sobre lo que es santo. Nos imaginamos de inmediato a un asceta, un místico, alguien perfecto. Juzgamos que no se puede ser santo y normal al mismo tiempo. Nuestro pseudo-puritanismo declara: Ser santo es ser anormal. Más directamente, lucirlo. Para ser exactos, parecer en vez de ser. Esta interpretación ha traído enormes dificultades para comprender la verdadera santidad, la cual no puede confundirse con santurronería, que es una caricatura de la santidad, como lo he repetido mil veces. Para decirlo simplemente, santidad no es lo que yo visto, como o bebo, ni el lugar donde vivo; sino lo que yo soy. Santidad, es, dicho esencialista: Limpieza de pensamiento, pureza de corazón, integridad de conducta.

DARIO SILVA-SILVA:

En forma de idolatría quieren divinizar a la creación, en vez de adorar al Creador que se hizo criatura. Al margen de discusiones más o menos bizantinas sobre temas ecológicos, nunca debe olvidarse lo que dice Pablo en su lenguaje siempre actualista: «La creación aguarda con ansiedad la revelación de los hijos de Dios, porque fue sometida a la frustración. Esto no sucedió por su propia voluntad, sino por la del que así lo dispuso. Pero queda la firme esperanza de que la creación misma ha de ser liberada de la corrupción que la esclaviza, para así alcanzar la gloriosa libertad de los hijos de Dios» (Romanos 8:19-21). La Naturaleza, pues, será regenerada junto con el cuerpo de la nueva alma del nuevo espíritu del nuevo hombre en la nueva tierra y el nuevo cielo donde el único Dios-Hombre, que es totalmente espiritual y totalmente natural, reinará por los siglos de los siglos. Amén.

DARIO SILVA-SILVA:

Jesús es quien multiplica los recursos. La ciencia ha descubierto que una pequeña cantidad de masa produce una enorme cantidad de energía. Por eso, los creyentes que entienden bien las cosas, toman las pequeñas provisiones que tienen a la mano y se las entregan a Jesús, en la certeza de que Él las multiplicará. Tal es el secreto de la prosperidad. Hay que reconocer que, en la vida cristiana, la gente llega a acostumbrarse tanto a los milagros, que pierde muchas veces la capacidad de asombro. Uno sabría lo que es un milagro si supiera lo que es Dios. La lección ofrecida por el Dios-Hombre en la multiplicación de los peces y los panes es sencilla y directa: el espíritu humano necesita alimentarse con un menú bíblico diario y suficiente; el cuerpo, por su parte, debe recibir una dieta balanceada y agradable que le permita mantenerse en forma. Toda habitación requiere mantenimiento; y la del Espíritu Santo, con mayor razón.

DARIO SILVA-SILVA:

Ahora tenemos la luz, toda la luz, enfrascada dentro de una bombilla humana que se llama Jesús de Nazaret. Se nos ha enseñado en el colegio, en las clases de física elemental, que el comportamiento de los cuerpos frente a la luz permite considerarnos como reluctantes o absorbentes, según la rechacen o asimilen. Espiritualmente ocurre lo mismo: a Jesucristo lo asimilamos o lo rechazamos sin términos medios. No puede suceder de otra manera ya que él es la luz. Frente al Jesús-Luz, ¿qué somos: absorbentes o reluctantes? Es precisamente en el corazón donde reside lo que los cuáqueros llamaron «la luz interior», esa pauta divina que le permite a toda persona, en forma natural, distinguir lo bueno de lo malo, lo falso de lo verdadero, la virtud del pecado.

DARIO SILVA-SILVA:

La figura anatómica-fisiológica-neurológica «Cuerpo de Cristo» no es puramente literaria. Se trata de una realidad vital. Si todos entendiéramos algo tan simple, las cosas funcionan mejor. El ojo no puede decirle a la mano: «No te necesito». Ni puede la cabeza decirles a los pies: «No te necesito». Al contrario, los miembros del cuerpo que parecen más débiles son indispensables, y a los que nos parecen menos honrosos los tratamos con honra especial. Y se les trata con especial modestia a los miembros que nos parecen menos presentables, mientras que los más presentables no requieren trato especial. Así Dios ha dispuesto los miembros de nuestro cuerpo, dando mayor honra a los que menos tenían, a fin de que no haya división en el cuerpo, sino que sus miembros se preocupen por igual unos por otros. Si uno de los miembros sufre, los demás comparten su sufrimiento; y si uno de ellos recibe honor, los demás se alegran con él (1 Corintios 12:21-26).

ACERCA DEL AUTOR:

Darío Silva-Silva

Darío Silva-Silva es ministro del evangelio, comunicador social y periodista, casado con Esther Lucía Ángel. Tiene varios doctorados académicos y honorarios: Ministerio, Sagrada Teología, Humanidades, Filosofía y Religión. Profesor invitado de la Universidad de Miami (Koubek Center). Director del Consejo Académico de la Universidad Cristiana Logos, director de Hechos y Crónicas TV, fundador y presidente de Casa sobre la Roca, Iglesia Cristiana Integral y autor de numerosos libros de éxito.

Capítulo 15:

Aprenda a ser un grande, no un agrandado

por Héctor Teme

HECTOR TEME:

¿Cree que Dios podrá usarlo? ¿Qué no puede darle una misión importante en su vida? Este es un tiempo de ser un grande. Como ministros somos responsables de ayudar a las personas en nuestras congregaciones a entrenarse y encontrar su llamamiento. Como líderes que aceptamos nuestro llamamiento, cumplimos también la función de ayudar a otro a desarrollarse en su ministerio. Pero, no todos nacieron para cumplir la misma función, o para llevar el mismo don, con las mismas particularidades. Como líderes de iglesias o ministerios, dejemos a Dios trabajar y ocupemos nuestro tiempo en comprometernos a ayudar a desarrollar a cada integrante de nuestra congregación el don que Dios le entregó. Vivamos con la visión de equipar al pueblo de Dios en la misma diversidad que Dios diseñó.

HECTOR TEME:

Se puede ser un grande. Podemos aprender a ser un grande y no un agrandado. Lo invito a no aprender a ser un grande desde el saber sino desde el hacer. Desde la posibilidad de transformar su ser. De elegir comprometerse con algo diferente. El destino está en sus manos. Usted puede elegir ser un grande y cambiar su identidad pública. Si hasta ayer su identidad pública fue silencio o crítica, que hoy sea honra de ser servicio. Hoy es tiempo de que sea un grande para el Señor. Tiempo que haga una declaración pública poderosa. Puede elegir hacérsela a su hermano, solo al espejo o en lo íntimo de su corazón al Señor. ¿Está siendo íntegro con la identidad de su nombre, conforme al nombre con el que se identifica públicamente? Si la declaración pública de su nombre es amor, el documento de su corazón debe decir que su nombre es amor y no envidia.

HECTOR TEME:

Cuando el líder decide ser una persona humilde en el interior de su corazón, en su diario vivir se manifestará la mansedumbre. Son aquellos que en su corazón aceptan a Dios como su suficiencia, los que actúan siendo mansos. Observemos que la mansedumbre manifestada en la vida de una persona es el resultado del poder de Dios viviendo en su interior. Cuando no nos dejamos tentar por el éxito, hacemos la voluntad de Dios, nos humillamos ante él y sabemos que contamos con recursos ilimitados a nuestra disposición. La mansedumbre se manifiesta como producto de un corazón entregado y alineado con la voluntad de Dios. Hoy es tiempo de mantener la llama encendida, de agregarle nuevos leños. Y cuando el éxito lo rodee pueda mantener la humildad, porque está cuidando la llama encendida que Dios ha puesto en su interior. La forma es ser manso y elegir menguar o retirarte en vez de agrandarse.

HECTOR TEME:

Un liderazgo que experimenta una íntima relación de oración, meditación y amplia escucha con Dios, es un liderazgo que puede ser una posibilidad para la gente en cualquier necesidad. Si como líder no busca la voluntad de Dios y vive diciéndole qué es lo que debe hacer en su vida, su ministerio será muy limitado. ¿Cómo vamos a comunicarnos con él si no es espiritualmente? ¿Cómo podemos lograr esta comunicación? La oración es el medio que Dios diseñó para llevar adelante esta comunicación.

La oración también fue diseñada para que además de ser un vínculo con Dios sea aquella acción que le permita a Dios trabajar en nuestra vida en ciertas situaciones. No podemos darnos el lujo de vivir sin una comunicación íntima y vital con el Creador. Diariamente, a cada segundo, lograr que nuestros pasos ocupen la huella del Señor que nos guía. Si es un profundo hombre de oración en las cosas pequeñas, será un grande en cada momento de su vida.

HECTOR TEME:

Muchas veces nos pasa que en vez de confiar en las promesas de Dios procuramos asegurarnos de todo desde la inseguridad. Tanteamos la promesa en vez de vivir la promesa. Cuando observamos la primera circunstancia gigante esperándonos, lloramos por incredulidad y regresamos a la esclavitud. Cuando el Señor le promete algo, no significa echarnos a la cama a dormir, sino todo lo contrario, es un grito de guerra, es una motivación para la lucha, es una orden de batalla para conquistar lo que nos ha sido dado. Debemos tomar siempre las promesas como estimulantes de nuestro trabajo, no como un sedante de la fe. Como una motivación del espíritu, no un paliativo para justificar nuestra ociosidad irresponsable. Las promesas son hélices, no almohadas; son zapatos para el camino, no sillones de siesta. El Señor lo hará, pero usted tendrá que esforzarse por alcanzarlo.

HECTOR TEME:

Como líderes de un nuevo siglo no estamos invitados por el Señor a predicar sobre asuntos que solo sirven para sonar bonito en los oídos de un pueblo adormecido, enseñar acerca de la bondad como un camino hacia el cielo, en vez de enseñar a Jesús como el Camino, nos llevará a contar en nuestras congregaciones con gente muy buena, pero no convertida. Convencida pero no convertida. Y los tiempos que vienen necesitan de líderes que llevemos al pueblo de Dios bajo los pies del maestro. Centremos nuestro mensaje en Jesús. No permitamos que lo adulteren con esquemas para un buen vivir. Que Jesús sea el centro de nuestra prédica para llegar a todos y que su amor nutra el corazón de las personas que lideramos para relaciones provechosas con él y entre nosotros.

HECTOR TEME:

A diario, en la vida, nos cruzamos con personas muy bien intencionadas que piensan una cosa, dicen otra y hacen algo totalmente diferente a lo que pensaron o hablaron. ¿Por qué no empezar por hacernos cargo de que nuestros líderes sean íntegros? Que sus hechos y acciones sostengan lo que declaran. Vivimos en un mundo donde los líderes necesitan sostener sus palabras en el diario vivir. ¡Qué maravilloso es ver a grandes hombres que sus familias lo acompañan en cada uno de los desafíos que emprenden! Seguramente ese es el resultado de una vida que respalda y sostiene con su testimonio lo que vive. Lleva adelante el don que Dios le dio (que es un regalo) con un corazón íntegro que se ejemplifique en el andar. Como líderes debemos elegir vivir cuidando nuestro corazón y llevándolo a vivir en integridad delante del Señor.

HECTOR TEME:

¿Somos un puente que lleva a las personas que lideramos hasta el Señor Jesucristo o estamos siendo un techo? ¿Quiénes somos como líderes? ¿Brindamos posibilidades para cada uno de los que lideramos tengan una íntima relación, vital y dinámica con Jesús? O ¿soy el intermediario entre Jesús y la gente? Usted puede ser un gran líder, pero si su liderazgo lleva a la gente a usted mismo, cuando desaparezca de esta tierra, su obra cesará. Pero si lleva a la gente a Dios, su vida será una puerta de acceso a una vida nueva para la persona, que no cesa, que permanece, una vida sin muerte, una vida eterna. Llevar a la gente al Señor es lo primero que un creyente debe hacer con otro. No hay tiempo que perder. Hoy mismo presentémosle a Jesús a nuestros seres queridos. Tal vez usted es de aquellas personas que hoy está escuchando al Señor y al instante lo hace disponible para otros.

ACERCA DEL AUTOR:

Héctor Teme

 Héctor Teme es director académico del Centro de Entrenamiento de Coaches Cristianos con sede en Buenos Aires, Mar del Plata y Córdoba, Argentina. Escritor y conferencista. Autor de los libros «Las enseñanzas de la Biblia para tener éxito en la vida» y «La historia espiritual». Conductor del programa televisivo «Aprenda a ser grande, no un agrandado» que se emite por Red Vidavisión Satelital en Chile, Estados Unidos y Canadá. Ordenado al ministerio cristiano sirve como presidente de la junta directiva en la iglesia «Ministerio de la Reconciliación» en Argentina, Chile, Paraguay y Venezuela. Fundador del sitio cristiano cristiano.org. Está casado con Laura, junto con quien hace un poderoso equipo de ministración y consejería, es padre de tres hermosas niñas: Yasmin, Yael y Abigail. Se ha desarrollado en el mundo de la consultoría y gerencia de empresas en el área de bienes raíces, construcciones, tecnología y franquicias. Con 20 años de investigación bíblica, su conferencia «El mundo que se viene» ha reunido a cientos de personas en diferentes países de Hispanoamérica.

Capítulo 16:

Llamemos las cosas por su nombre

por Pablo Polischuk

PABLO POLISCHUK:

Es de vital importancia para el liderazgo desarrollar una perspectiva correcta de la visión que dirige el cumplimiento de las labores ministeriales, tener convicciones y saber que existe un llamamiento proveniente de Dios. Hay que comprender lo que es una visión: Una perspectiva o imagen clara de lo que el liderazgo espera que el grupo llegue a ser, a realizar, a actualizar. A diferencia del pensador solitario, del científico encerrado en un laboratorio, o del ermitaño ascético que se retira a una cueva a meditar y llegar a ser perfecto a su manera, el dirigente de un grupo requiere la mutualidad, la participación voluntaria y abnegada de otras personas. El pensador, el científico y el ermitaño tienen cada uno una visión, pero el líder de grupo depende no solo de la carga proporcionada por Dios y de sus propias ansias de actualizar la voluntad de Dios, sino también de un conjunto de personas con quienes y por medio de las cuales podrá llevar a cabo la visión.

PABLO POLISCHUK:

La «influencia interpersonal» puede definirse como el poder de producir efectos sobre la persona sin la aparente manifestación externa de fuerza alguna, o el ejercicio obvio de algún mandato. En materia de liderazgo espiritual, la persona no puede simplemente presentar estímulos y oportunidades para que sean percibidas de forma convincente, sino más bien dar lugar a la verdad, la sinceridad y la alineación a la voluntad de Dios. Su ser y hacer, no solo las percepciones de los demás, es el motivo de su interés. Un líder tiene poder «referente» o normativo cuando el grupo trata de identificarse con tal persona. Los miembros del grupo quieren ser semejantes al líder en algo, por consiguiente, hacen lo que el líder desea. Tal actuación se basa en el respeto mostrado hacia una persona, trasmitido en proyecciones de las necesidades y anhelos grupales. El liderazgo actúa como un sello de aprobación, y cuanto más satisfactorio el sello, tanta más identificación se logra.

PABLO POLISCHUK:

La motivación puede definirse como el deseo profundamente interno de realizar un esfuerzo animado con un propósito que tiene significado para la persona que se dirige hacia la realización de sus objetivos. El líder espiritual influye en otras personas con su propia personalidad y con su estilo. Pero además lo hace a través de la irradiación del Espíritu Santo que se traduce en ministerio cuando la vida y el accionar de la persona se someten a la acción transformadora que la capacita. La personalidad de la persona que guía, dirige, enseña, predica o ejerce algún aspecto ministerial, por cierto debe ser irradiada e influida por el Espíritu inspirador, asumiendo los rasgos deseados en el desarrollo de las funciones ministeriales. La motivación y el empeño, los trabajos dentro de una posición grupal y la coordinación de esfuerzos con otras personas, se aferran a la premisa básica del servicio en amor al Señor de la iglesia y a la iglesia del Señor.

PABLO POLISCHUK:

El liderazgo debe ser ejemplar en la vislumbre de los propósitos teniendo una perspectiva clara de los mismos. De otra manera, se cumple el dicho de que «un ciego guía a otro ciego». Si los propósitos se definen claramente, los componentes de un grupo experimentarán certidumbre, sentido de control y cierto grado de pronosticación. Si los propósitos son difusos, no definidos o confusos, los que pretendan alcanzarlo experimentarán incertidumbre, ansiedad y desasosiego. El liderazgo debe renovar su mentalidad de manera constante a fin de tener una buena perspectiva de la voluntad de Dios expresada en las Escrituras y definida actualmente en forma espiritual. El liderazgo espiritual tiene en mente «el reino de Dios» y por añadidura hace que el alcance social, económico, político o numérico esté supeditado al cometido principal.

PABLO POLISCHUK:

La intimidad es la propiedad emergente que surge de la interacción interpersonal que incluye las estructuras, los procesos y los eventos cognoscitivos exclusivos, concentrados sobre una o pocas personas. La intimidad puede verse como un proceso de crecimiento en amor mutuo «llegando a ser» (devenir) más compenetrados en la existencia de la otra persona e incluyendo a la persona en el fuero interno. El ministrar a Dios a solas, en devocionales y meditaciones, en contemplación y oración, hace que el ser dialógico entable una conversación adecuada, aparte de la «constante» o «existencial» que ocurre durante la vida cotidiana. El espacio vital íntimo necesariamente invita a Dios, al Espíritu Santo, a participar en todos los procesos del ministerio, desde los anhelos y las visiones, hasta el cumplimiento de las labores.

PABLO POLISCHUK:

Una persona que ejerce un pastorado, funciona ante un grupo heterogéneo, diverso, con una multiplicidad de dilemas, cuestiones, problemas y necesidades. Al evaluar ciertas maneras de actuar, de plantear, o de inspeccionar las actuaciones de los grupos a su cargo, la persona líder podrá buscar un equilibrio entre el tesoro y el vaso de barro que lo contiene. No se trata de suplantar al Espíritu Santo, ni de tratar de desvirtuar la fe de ninguna persona creyente. No se trata de suprimir o desvirtuar las actuaciones genuinas de los dones del Espíritu, sino que se trata de enfocarse sobre el elemento humano que se hace presente a pesar de las más gloriosas manifestaciones de Dios en la tierra. Cuanto más experiencia una persona adquiere en la dirección de grupos, tanto más crédito le da a la gracia de Dios, volviéndose más flexible y confiado en las actuaciones del Espíritu Santo.

PABLO POLISCHUK:

La resistencia a los desafíos a cualquier condición que necesite cambios se puede originar en las personas individuales, que sienten peligrar su estabilidad y se ven en la necesidad de salvaguardar el status quo.

El desafío personal a enfrentar nuevas condiciones necesita mentes y corazones renovados, y a veces tal condición no aparece como una disposición previa al proceso de cambios deseados. También el grupo en su mayoría puede oponerse a cualquier desafío a lo existente. Todo cambio eficaz debe abarcar al grupo en general, con la aprobación explícita o implícita de los componentes.

La organización necesita mantener eficiencia interna, buena voluntad y buena fe, logrando mejoras, ajustes y procedimientos en maneras óptimas hacia los objetivos comunes sin la ruptura de la armonía de las relaciones.

PABLO POLISCHUK:

Dada la naturaleza humana, no pueden evitarse ciertas tensiones grupales. El hecho de ser discípulos no excluye la presencia de las luchas por la superioridad, las comparaciones humanas, el acomodo (a veces a la madre a pedir ciertos asientos de antemano, para acomodar a los hijos en el reino), el antagonismo entre quienes se supone que vivan en amor y sin rencillas, o los sentimientos de envidia y celos entre hermanos. El liderazgo de grupos no puede descartar tales tensiones, ya que como los gusanos debajo de una roca en el jardín aparecen cuando alguien levanta la roca o trata de arrojar luz tras la conducta humana que se muestra barnizada entre las flores. El reconocer las posibles desavenencias prepara al liderazgo en cuanto a estrategias de solución de conflictos, a la mediación o al estableci-miento de procesos que fomentan la ansiedad y producen la paz sin reprimir las dificultades.

ACERCA DEL AUTOR:

Pablo Polischuk

Pablo Polischuk ha dictado conferencias en diversos centros de enseñanza en los Estados unidos. También ha sido profesor de programas especiales para hispanos en varios seminarios teológicos. Estas y otras experiencias como el haber sido instructor de psicología en el programa del Hospital General de Massachusetts de Boston, afiliado al Harvard Medical School, han enriquecido las exposiciones teóricas y las aplicaciones prácticas que el autor presenta en su libro.

Capítulo 17:

Consejos desde el frente

por varios autores

HOWARD ANDRUEJOL:

A través de los años como líder juvenil he aprendido a ser creativo (en una forma creativa). He llegado al convencimiento de que todos (me incluyo, te incluyo) tenemos la capacidad de ser exitosamente creativos. La creatividad es pensar en algo que a nadie se le ha ocurrido hasta ahora. ¿Por qué nos parece que algunas personas son genios increíbles o fuera de esta galaxia? Bueno, porque tienen ideas que a nosotros no se nos habrían ocurrido (y porque parece que les resulta muy sencillo encontrarlas). Con un poco de esfuerzo, de tiempo para pensar estoy seguro que encontraremos ideas para enseñar esa lección; para realizar aquella actividad que a nadie más se le había ocurrido (y que esperamos funcionen). En otras palabras, creatividad es llegar a algo nuevo a partir de lo que ya existe.

JAY ARISSO:

Todo líder de jóvenes ha pensado en renunciar a su llamado. Entendida esa realidad, preguntémonos por qué seguimos si nuestros jóvenes no nos obedecen. Sencillo, ¡porque eres especial! Dios te escogió entre miles para trabajar con ellos. Él sabe que entiendes su *amor*, el amor incondicional de un Padre celestial. Además, Dios, en su soberanía, sabía que podrías amar a tus chicos a través de su amor y que serías un fiel ejemplo de ese precioso amor en sus vidas. Sin embargo, quizá te preguntes ahora: ¿qué puedo hacer cuando no siento amor por ellos? Muy buena pregunta. Para responderla, tienes que acordarte del amor que has recibido de parte de Dios. Aprovecha este instante para pensar en el momento que entregaste tu corazón a Jesús. Sé que para algunos se les hace complicado recordar tantos «siglos», pero intentémoslo. Trata de rememorar lo que sentiste cuando descubriste que Dios te amaba y te perdonaba todas las cosas que hiciste en tu pasado.

PAOLO LACOTA:

Tal como lo señala John C. Maxwell: «Uno es demasiado pequeño como para pretender cosas grandes». En otras palabras, es muy difícil que a través de nuestro solo esfuerzo podamos alcanzar grandes sueños y realizar importantes aportes y cambios a la sociedad. Por eso, cuando trabajamos en equipo, podemos proyectarnos para alcanzar grandes objetivos. Los ministerios juveniles que no trabajan en equipo viven sobrecargados, desmotivados, con baja comunicación y poca influencia sobre la comunidad si se la compara con aquellos que invierten en desarrollarse como un equipo donde cada miembro aporta su talento. Que podamos delegar responsabilidades, compartir la visión con otros y alcancemos más jóvenes y adolescentes hará que nuestro campo de influencia aumente.

LUCAS LEYS:

Muchos líderes fallan porque, a pesar de tener una filosofía correcta de lo que se proponen, no logran que otros los acompañen con entusiasmo. Los buenos líderes, por lo tanto, saben que no solo se trata de los propósitos de Dios para la iglesia sino de asegurarse que todos los involucrados también lo sepan. Es más, saben que la gente se compromete con la misión de diferentes formas siempre y cuando la tengan clara. Hay un código moderno que es casi imposible de evitar. Se trata de la promoción o la publicidad. Quizás algunos se asusten de la palabra publicidad, pero tenemos que recordar que hablamos de entusiasmar a otros con la misión que Dios nos entregó: hacer discípulos y predicar su Palabra. En este sentido, para desarrollar un ministerio efectivo que glorifique a Dios, es necesario que todos los involucrados entiendan por qué y para qué lo hacemos.

ANNETTE GULICK:

Tengo un llamado ministerial con adolescentes, pero mi cónyuge no. ¿Puedo seguir trabajando con ellos, o dejarlo para trabajar juntos en un ministerio como una célula de matrimonios jóvenes? No hay una «receta mágica» para saber cómo integrar el matrimonio y el ministerio juvenil. Lo que funciona para una familia puede ser devastador para otra, y aun para esa pareja en otro tiempo. Por lo tanto, cada pareja tiene que descubrir qué funciona para ellos basados en sus dones y llamados únicos y el momento de la vida en el que se encuentran. La meta predominante no es hacer juntos el ministerio juvenil sino que cada uno use sus tiempos y talentos de modo que agrade a Dios y cumpla su llamado en sus vidas. En ese sentido, un matrimonio tiene la oportunidad de hacerlo mejor juntos, parezca lo que parezca, que si lo hace cada cual por su lado.

JUNIOR ZAPATA:

Las palabras y los métodos revelan motivos; razones por las cuales hacemos las cosas. Préstale mucha atención a una persona y escucharás el latido de su corazón. Haz lo que hace y te convertirás en lo que esa persona es. Entonces, cuídate de quién tomas consejo. Al mismo tiempo, recuerda que tus jóvenes te están escuchando (escuchan tu corazón), imitando y convirtiéndose en alguien como tú. Ten cuidado de los consejos que das, porque vidas jóvenes están adoptando tus palabras y métodos. No es «conseguir» más jóvenes como si fueran clientes de una tienda. Cambia ese «conseguir más jóvenes», y realmente atraerás multitudes. Desarrolla un corazón de verdadero servidor y rápidamente serás amado. Consciente o inconscientemente todos seguimos a un héroe. Tus jóvenes no son diferentes. Nosotros moldeamos nuestras acciones y medimos nuestros éxitos de acuerdo a los valores de la persona que seguimos, de modo que ellos seguirán ese ejemplo.

CAMERON GRAHAM:

Definitivamente creo que las misiones a corto plazo (MCP) son una de las herramientas más eficaces en todo el ministerio con adolescentes y jóvenes, aunque muchos finjan que no es así o proporcionalmente pocos la usen. En serio, aunque son pocos los líderes juveniles que la usan como parte integral de los ministerios en Latinoamérica, es una de nuestras mejores opciones para enseñar, vivir y crecer en la fe cristiana. Estudios han demostrado que en esta cultura posmoderna incluso una experiencia de fin de semana es más valiosa que un año entero de Escuela Dominical. La idea de esto es que Dios tiene mucho que darte a través de una MCP. Quiere desarrollar en ti y en tus estudiantes muchas cosas, pues no ha acabado de enseñarles ni moldearles. Las MCP, por tanto, proporcionan el tiempo y el espacio para que se produzca esto.

ESTEBAN OBANDO:

Seamos honestos, no nos gusta que nos critiquen. Nos duele saber que hay cosas que hacemos mal, pero más aun que nos las digan. Sin embargo, la crítica es una de las disciplinas más importantes y valiosas que el líder puede practicar. Pues bien, examinarse es la capacidad de distinguir los propios defectos de las virtudes, y proponerse que no se sigan repartiendo los primeros y más bien que se fortalezcan los últimos. Además, es la capacidad de autoevaluarse y de ser sinceros con uno mismo. Por lo tanto, debemos esforzarnos para ser mejores y madurar así día a día. La Biblia, a este respecto, dice que entramos en un proceso con Dios que finalmente se perfeccionará. Esto es lo que algunos llaman mejor continua. De modo que examinare implica humildad, que es otro de los elementos clave para ejercer un liderazgo efectivo.

RUSS CLINE:

Existen muchas lecciones de liderazgo que podemos aprender. Sin embargo, dos tienen la prioridad: la primera, habilidad para delegar. Tu trabajo es enseñar, potenciar y dar lugar a otros. Tienes que aprender a delegar cosas para que otros se encarguen. Los ministerios son más sanos cuando se concentran en el liderazgo y en aprender a cómo conducirse. La segunda, aprender a priorizar. Stephen Covey habló sobre el liderazgo Quadrant II en su libro *Los sietes hábitos de la gente altamente efectiva*. Aquí habla sobre la necesidad de aprender a determinar dónde debes invertir tu tiempo y energía.

En resumen, darte cuenta de qué cosas puedes o no hacer y ser capaz de decir «No» sin sentir temor de pedir ayuda a otros e incluso adquirir más liderazgo. Si aprendes estas dos cosas, cambiarás la forma en que lideras.

RICARDO BROWN:

Muchos ministros, para tratar de justificar el
problema de quienes los cuestionan, inician
toda una apología del sometimiento. Es decir,
quienes no se sometan, están en rebeldía. No
obstante, la cruda realidad es que muchas veces
detrás de ese argumento está es una impaciencia
y hasta una intolerancia por las críticas que se
arrojan contra sus trabajos en la iglesia. La otra
cara de la moneda también existe, pues muchos
de sus argumentos se soportan en el hecho de
que quienes los critican lo hacen con una mala
intención y actitud. Ahora bien, la respuesta a
si debemos o no cuestionar es la siguiente: lo
podemos hacer, pero con el fin de construir
y no destruir, es decir, sin una mala intención.

GERMAN ORTIZ:

Es imposible escapar de los conflictos.

Aun en el ministerio más exitoso siempre surgirán. ¿Qué hacer entonces? Bueno, escapar es de cobardes y además no ayuda a que se «evaporen», por eso te aconsejo seriamente pasar saliva y confrontarlos.

Existe una clave comunicacional que habla de comenzar positivo, confrontar promediando el diálogo y terminar nuevamente en positivo. En este sentido, el amor y la verdad se cruzan en la aplicación de la técnica. Y me sirve aplicarla. Hacia la acción: ¿qué persona cercana a mí (amigo, conocido, joven o adolescente del grupo) está necesitando que pase saliva mientras lo confronto con amor y verdad? Esa es una responsabilidad que también tienes con Dios.

FELIX ORTIZ:

Los estudiosos de la cultura contemporánea consideran el año 1985 como el tiempo en que nació la primera generación de muchachos puramente postmodernos, es decir, aquellos que llegarán a la mayoría de edad a comienzos del siglo XXI. Y bueno, aunque es una fecha arbitraria, nos indica que los nacidos a partir de esa año y los cercanos al mismo serán una generación diferente. Serán postmodernos.

Usando un ejemplo del mundo de la informática, es como si la nueva generación tuviera un sistema operativo diferente. Los más adultos funcionamos con «Windows», y los más jóvenes, con «Linux». Por tanto, unos y otros percibimos el mundo a nuestra manera. Usamos la misma información, pero tenemos diferentes perspectivas y, por consecuencia, si no entendemos esta realidad, se puede producir una ilusión de comunicación y, lo que es peor, una incompatibilidad.

GLORIA VAZQUEZ:

Comencé en el ministerio juvenil años antes de casarme. Muchos líderes o pastores consideraban que no era apta para servir a los jóvenes porque tenía tres características que me descalificaban automáticamente: era joven, era soltera y, por supuesto, era mujer. Me parece increíble que estas tres características hoy en día todavía sean argumentos de peso en muchas iglesias y personas como si fuera algo negativo.

En mis tiempos evitaban darme ciertas responsabilidades porque no tenía experiencia o por no estar casada, porque al ser mujer no podía ministrar y además comprender a jóvenes varones. Por otra parte, pienso que cuando Dios te ha dado un llamado, también te da la gracia para vencer los obstáculos que pone el hombre. Él mismo ha dicho que en Cristo no hay acepción de personas.

Es más, usa a quien quiera.

ELISA BROWN:

Entendemos que el ministerio implica que muchas veces debemos sacrificar tiempo familiar para dedicárselo a esto. De modo que aquí es donde calidad toma su rol importante. Algo que hacemos cada noche en familia es preguntarnos por nuestros «altos» y «bajos», es decir, por las cosas buenas o malas que vivimos. Si no estamos en casa, llamamos a nuestros pequeños por teléfono para preguntarles.

Ahora bien, calidad también es programar vacaciones donde toda la familia disfrute de estar y descansar juntos. Y no importa tanto el lugar sino que compartan juntos de este espacio en mente, alma y espíritu. Al margen de lo dicho, está comprobado que un retiro tiene muchas ventajas para los grupos de jóvenes. Allí suelen unirse, disponerse, y sentirse más libres mientras disfrutan de estar lejos de lo normal. Si ellos la pasan así de bien, también tu familia lo podrá hacer. De modo que separa al menos una vez por año una salida de este tipo con los tuyos.

JOEL VAN DYKE:

Durante un curso de liderazgo para ministerios juveniles, llevamos a los estudiantes a una visita a esta iglesia. Ahí, durante un receso del programa, el pastor juvenil me presentó a tres jóvenes líderes de células que estaban fuertemente involucrados en la M-18. Por supuesto, asumí que eran «ex miembros de pandillas» por su conversión a Cristo y sus papeles identificables en el liderazgo. Entonces les preguntamos acerca de las consecuencias que habían enfrentado después de abandonar la pandilla. Nos miraron perplejos. «Deben entender que nosotros no hemos abandonado las pandillas. Si las dejamos, perderíamos todo el respeto y la capacidad de compartir nuestra fe efectivamente con ellos. Las células que dirigimos están integradas por otros pandilleros. Decidimos quedarnos en la pandilla para alcanzarla para Cristo desde adentro. ¿No fue eso lo que Jesús hizo cuando dejó el cielo para unirse a una pandilla llamada humanidad con el fin de transformarla desde adentro?».

ELIEZER RONDA:

En el libro de Isaías podemos encontrar que la unción que Dios le dio al profeta era con un fin. La verdadera unción que nos presenta la Biblia es la esperanza que transforma las mayores crisis, en momentos de alegría y de fiesta. Que todas las reuniones de jóvenes sean una celebración de fiesta que fomente el amor y la unidad. Te recomiendo que siempre que puedas inicies comentando algo jocoso de tu vida, que demuestre tu fragilidad como individuo. No debemos intentar parecer superhombres como evidencia de que somos ultra-mega-híper espirituales. La santidad debe ser amena y de disfrute. Se acabó ese tiempo de la santidad de micrófono, de estética y sobretodo de aburrimiento. En mi caso, el buen sentido del humor ha hecho que los chicos y las chicas se me acerquen para contarme sus pecados y luchas, por que saben que a pesar de esos momentos jocosos en las reuniones, no habrá espacio para la burla en la intimidad que se crea mediante la relación de confianza.

AARON ARNOLD:

¿Te da miedo o te preocupa entregar tu ministerio? ¿Ya sabes a quién entregar el testimonio? Bueno, para mí, uno de los versos más increíbles de la Biblia es cuando Jesús les dice a sus discípulos: «El que cree en mí las obras que yo hago también él las hará, y aun las hará mayores» (Juan 14:12). ¡Qué fantástico, ¿verdad? Sin embargo, siendo honesto, muchos de nosotros no pensamos así de quienes podríamos entregarles nuestro ministerio. Muchas veces los observamos como si fueran menores o, en el mejor de los casos, iguales que nosotros. Por eso, ¿cuándo fue la última vez que escuchaste a un pastor decir: «Hoy predica Juanito». La verdad es que es mucho mejor que yo. Él hará cosas en esta iglesia mucho más allá de lo que yo hice»?

Nos agradaría recibir noticias suyas.
Por favor, envíe sus comentarios sobre este libro
a la dirección que aparece a continuación.
Muchas gracias.

Editorial Vida®
.com

Vida@zondervan.com
www.editorialvida.com